何桂育・林鴻麟
陳奕傑・陳碩文
葉俊良・楊豐銘
楊尹瑄・劉君雅
謝忠道・謝芷霖
嚴勳業——著

歡迎光臨
莎瑪麗丹百貨

11 則留法旅人的法國觀察

林鴻麟

鄉下土生土長的台灣熟男，違背父母要他當醫生的冀望而讀了電影和戲劇。看了所有 Woody Allen 的電影之後跑去紐約拿了一個大眾傳播碩士，卻因為更熱愛歐洲的藝術、美食與電影風格而搬到巴黎住遊至今將近二十年。曾經因愛跳舞而陰錯陽差地當了多年巴黎大學體育系學生，一直都是「重度旅行上癮者」，很多的時間「在路上」。

當過按摩師、瑜珈老師、記者、私人導遊，和許多不同職稱的自由業者，目前剛辭去百貨公司接待員的正職，進入另一個未確定的開放式人生。

著有《你家沙發借我睡》、《旅行的定義》、《巴黎症候群》等書。

何桂育

旅法設計師，法國國立高等造形藝術碩士文憑（DNSEP）與法國國立高等裝飾藝術學院（École Nationale Supérieure des Arts Décoratifs）碩士後研究文憑，曾任該校數位研究中心 EnsadLab 研究人員。 Active Creative Design 創辦人之一，其設計、文章與藝術裝置作品曾發表於國內外。由於對藝術與文化的熱情，經營以巴黎各種藝術、時尚與設計展演第一手報導的臉書專頁「巴黎不打烊」，讓大家不用到法國也能擁有同步資訊。另外同時經營以法國歷史文化為主要內容的「巴黎不打烊」podcast 和以法國飲食文化為主要內容的「巴黎不打烊」Youtube 頻道。

陳碩文

政治大學中文系博士，現任政治大學中文系助理教授。曾獲科技部獎助於法國國立東方語文學院（INALCO）訪學與博士後研究。研究領域為中國近現代小說、報刊文化以及晚清民初翻譯文學。學術著作曾刊於《漢學研究》、《編譯論叢》、《東亞觀念史集刊》、《政大中文學報》等。

陳奕傑

在巴黎求學的哲學小學徒，職業自宅守備員，兼業餘 Techno 音樂愛好者、業餘愛貓人士，研究方向是技術哲學與法國當代哲學。

楊豐銘

法國高等社科院（EHESS）社會學博士、法國政治人類學研究中心（Laboratoire d'Anthropologie Politique）附屬研究員，現任馬來西亞泰萊大學飲食研究暨美食學學院高級講師。喜歡旅遊、欣賞、體驗跨國/跨文化人事物的變遷、流動與混融。

葉俊良

來自台灣高雄，台大物理系畢業後在巴黎建築學院取得文憑並定居就業、入法國籍。2007 年和法國人黎雅格共同登記成立鴻飛文化，出版適合 3-12 歲兒童閱讀的原創圖畫故事書，亦有少數給低幼與成人讀者的作品。著有《我在法國做圖畫書》（2017 年台灣玉山社初版）並不定期透過鴻飛部落格以及中華民國兒童文學學會季刊《火金姑》與國內人士分享對法國童書界的觀察。

劉君雅

專業老留學生，十年間先後拿了法國巴黎西堤大學 (Université Paris Cité) 人口學和地理學雙碩士學位和巴黎第一大學 (Université Paris 1) 的規劃博士學位。畢業後有幸繼續在大學教書，先是在里昂第二大學 (Université Lumière Lyon II) 應外系擔任四年的華語講師，因緣際會學習了教授中文的技能，並解鎖用全法文面對法國學生上課的勇氣。目前回歸自身專業，在法國人口研究機構擔任地理統計分析師一職，同時也受聘在自己身為第一屆畢業生的一所台南市老牌幼兒園，擔任執行董事一職，協助該園推行法式哲思教育課程。喜歡旅遊、閱讀、健身、泡咖啡店等一切可以獨自完成並能讓自身感到愉悅的生活方式。

楊尹瑄

法國巴黎第十大學（Université Paris Nanterre）藝術史博士，國立成功大學歷史學系副教授，研究專長為十九世紀法國藝術史、諷刺漫畫史。從台北到巴黎，從巴黎到台南，留戀每一個長久住過的地方，但是不害怕移動。

謝芷霖

文學科班生，卻因為嚮往自由自在的生活，留在法國，沒有回台灣走一般人認定的正途。老是挑冷門的路走，注定過不了上班族的尋常日子。
生活的經緯就是文字、電影、旅行，真實世界不夠漂亮有趣又令人崩潰時，就逃到虛構的國度轉一轉。永遠凝視著他方、漂泊。
出生於台灣台北。台灣大學外文系畢業後，赴法國巴黎留學，攻讀法國現代文學與女性研究。於法國巴黎第八大學（Paris VIII Vincennes-Saint-Denis）完成碩士及博士學位後，定居巴黎至今超過二十七年。
著有《餓》、《不浪漫的法國》、《巴黎．故事．家》。
Facebook 粉絲專頁：
「謝芷霖：小霖的異想世界 / 異鄉視界」。

謝忠道

居住巴黎多年的生活美食作者。
為兩岸媒體雜誌撰稿，臉書粉專「巴黎玩家謝忠道」以及 Instagram 帳號 chungtaohsieh。

嚴勳業

離家多年的臺北人，外省第二代，而立之年心血來潮去戶政事務所查資料，才發現聲稱客家人的外公是阿美族，時常在不同認同中迷失。不會騎腳踏車只能選擇藏身在小巴黎中的人類學徒，誤打誤撞進入文化資產研究領域，看到歷史建築就暈眩。喜歡寫字，鋼筆桿跟靈感卻常常乾涸。在疫情期間養成到鶴鶉之丘室外游泳池冬泳的習慣，天然殺菌的副作用是終年都有泳褲痕。2023 年至今最驚訝的事情，是春天去倫敦竟然曬傷，深感天不照甲子。在法國最想念的食物是豬血糕加香菜。在臺灣最高學歷為國立陽明交通大學人文社會學系社會科學碩士。

主編序一

野人獻曝金縷衣，法國文化拼圖

獻給所有渴望認識法國文化的讀者

謝芷霖

說到法國，一般人立刻浮上心頭的印象會是什麼呢？巴黎鐵塔、羅浮宮、凡爾賽宮？時尚之都，美食大國？又或者是，觀光客多、罷工抗議多、扒手多？無論是正面還是負面形象，不可否認，法國一直以其獨特的行事風格、豐厚的文化實力，以及得天獨厚的山海自然景觀，成為世人關注的焦點。除了透過新聞報導、旅行探訪之外，還可以從許多不同角度認識法國繁複多元的面貌。看一部在巴黎拍攝的影集、於馬賽取景的電影，嘗嘗勃根地的紅白酒，讓Pierre Hermé的馬卡龍甜蜜滿嘴，讀本獲得龔固爾文學獎（Prix Goncourt）的當代小說，噴上嬌蘭（Guerlain）的香水，想像自己漫步在塞納河畔。外國人總是對法國充滿各式各樣的想像，也經過不同物件、事件的串連，一步步形塑千奇百怪的法國印象。

住在當地的人，又是如何看待這個國度呢？面對生活中各樣的煩惱、微小的快樂、柴米油鹽醬醋茶的繁瑣、不經粉飾的現實衝擊，一定有許多不同的觀察與思考吧，深入肌底，苦樂交雜。經過時間的沖刷，總有一些心底的沈澱，不吐不快；總也有認真的在乎，盼望用自己的語言，娓娓道來。住在法國的台灣人，因著外國人的身份，夾在兩種文化中間，衝突與會心交錯，必然比在法國土生土長的本地人，更多了一分獨特的心思。用一雙好奇之眼，把平凡無奇的生活，重新編織成閃閃發光的金縷衣。這本小書，便是流連兩種文化間的旅人，將他們心心念念的觀察思緒，一字一句，密密織就的一襲金縷衣。

十一位留法旅人，可能曾經是留學生，可能已經定居法國，可能在法國創業生根，也可能因求學或家庭長居過，有些則固定往返台法。他們從不同的角度，根據不同的視野，試圖描繪出一幅幅法國文化圖像，這些圖像不再是單一刻板膚淺的印象，而是複數、多元、相互辯詰牴觸的文化拼圖，交由讀者自行詮解，拼湊出心目中的文化群像。有從巴黎景點、建築切入的敘述，有自文學、電影剪輯重生的新故事，有對當代社會的分析思考，也有回溯歷史的悠悠情懷，當然也少不了對美食與文化事業的關注。一片片文化拼圖，自生活中提煉成旅人心目中的金縷衣，或許只是野人獻曝，卻也是敝帚自珍的私密心意。你可以保持距離遠遠欣賞，也可以近觀批評，你可以撫觸每一道織裡紋路，也可以披上身穿成心頭好，無論你想怎麼閱讀、怎麼互動都好，旅人只盼望送達你手中的這本小書，仍然像金縷衣一般，為雕琢你的法國文化群像，錦上添花。

法國詩人波特萊爾（Charles Baudelaire，1821 – 1867）在著名詩集《惡之華》（Les Fleurs du mal）準備再版時，曾經在筆記中留下一首以「巴黎」為主角的詩[1]：

> Anges revêtus d'or, de pourpre et d'hyacinthe,
> 穿著以金子、豔紅與風信子石織就華服的天使，

1 Ébauche d'un épilogue pour la deuxième édition des Fleurs du Mal.

Ô vous, soyez témoins que j'ai fait mon devoir
噢親愛的你們，親眼見證，我已為所當為，
Comme un parfait chimiste et comme une âme sainte.
自認盡到煉金師的本分，也保持心靈純潔。

Car j'ai de chaque chose extrait la quintessence,
我從事事物物中粹取精華，
Tu m'as donné ta boue et j'en ai fait de l'or.
你把混沌泥濘給了我，而我將泥煉成了金。

詩中的「你」便是「巴黎」。《惡之華》整本詩集便是描述「巴黎」的人物、生活，醜陋髒污的角落，幽微不起眼的片斷，浮光掠影的種種美好及不堪。無論是極惡與至美，巴黎永遠是波特萊爾的最愛。他期盼將巴黎平凡無奇的混沌泥濘，透過書寫，透過詩句，傳誦成世人眼中的金之華美。這是他對自己的期許，也是獻給至愛的禮讚。面對至愛巴黎，化平凡為不朽，點石成金，他身為詩人，責無旁貸。這也同樣是書中所有留法旅人作者的自我期許。

對法國的愛，讓我們不得不用盡力氣，一寫再寫，期盼將生活中瑣碎的點點滴滴，所思所見，織成一件件文化思考的金縷衣，以虔敬謙卑的心，獻給所有渴望認識法國文化的讀者，作為理解法國的一塊踏腳石。即使仍然不完美，處處暴露捉襟見肘的不足，至少我們已為所當為，盡到旅人作者的責任，傳達出誠摯樸實的心聲。

主編序二

看見變遷中的法國

楊豐銘

在我們的內心深處，都有著一股對「遠方」的想像與嚮往。法國人類學者Nicole Lapierre 先前出版的《我們想他方》（Pensons ailleurs），以及歷史學者Georges Vigarello 在剛出版不久的《遠方史：實際與想像之間》（Une histoire des lointains : entre réel et imaginaire）書中，都討論了「他／遠方」的價值：每個人心中都需要有個他方，一個迴異於自己（被）熟悉與（被）認可的地方，一個讓自己嚮望且存在抵達可能性的地方。移往他方的過程，無形中豐富了我們的經歷、知識以及面對未來不確定的勇氣。

法國就是一個許多人熟知或嚮往的「他方」。市面上已經有許多與法國相關的書，既然如此，為什麼我們還需要一本談法國的書？

目前市面上關於法國的書目中，絕大部分是旅遊指南與語言教科書，其他則包含文學作品、歷史讀物與生活隨筆等。然而，我們很少看到有關當代法國變遷與社會議題的討論。2022 年秋，蔚藍文化的林社長向謝芷霖與我提議做一本不一樣的法國書。林先生熱愛旅行，觀察細膩，對法國文化留有深刻印象；芷霖是僑居法國的文學博士，寫過小說，下筆充滿福樓拜的寫實風格；我自己也在法國度過漫長的青春歲月，開啟自己的學術生涯。我們共同的理想，是嘗試做出一本突破傳統框架的法國主題書，匯集作者群不同的生活經驗、寫作風格與題材。

變遷中的法國

法國的變遷，來自於全球化所帶來的動力以及流動變遷的人群。法國 2022 年的國際旅遊收入是 580 億歐元，移民人口高達 700 萬人，大約占法國總人口的 10 %。

這樣的流動與變遷，讓當代法國呈現出非常不同於經典想像的面貌。

遊記與文學是多數人認識法國的起點。陳碩文藉由20世紀華語文人雅士造訪巴黎不同景點的旅遊傳記，有層次地描繪出當時跨文化情境下種種的感官體驗；謝芷霖帶我們翻閱作家莒哈絲的人生歲月，從童年故鄉越南西貢，到父母的原鄉法國，以及在創作上的堅持、挫折、驕傲、名氣或放縱，重新詮釋性別意識強烈的作家在當代的意義。

蒙馬特是個混融宗教（聖心堂）、藝術（戲劇院）與情色（裸體酒吧與康康舞）等多元地景的巴黎標地，何桂育以幾則在地女性奮鬥史為例，娓娓道來這片觀光聖地上不同女性的樣貌；楊尹瑄談到十九世紀蒙馬特夜總會的招牌黑貓圖案，爬梳在不確定的時代裡，藝術工作者與夜生活產業蓬勃發展的社會意義。而除了蒙馬特這類特殊地景之外，巴黎還有著531處大小公園和綠地，嚴動業帶著我們一起漫步街頭，搭配著巴黎阿嬷的閒聊，走過這些當地居民日常生活與城市遺址共存的庶民地景。

此外，談到法國，不得不提到奢侈品與精緻美食。一般人在日常生活裡接觸奢侈品的頻率有限，不過當兜售奢侈品成為工作的時候，如何調適好幾個月薪水還比不上剛剛賣出去手提包的心情落差？林鴻麟藉由在LVMH[2]集團旗下莎瑪麗丹百貨公司的經歷，與我們分享奢侈品世界的樣貌。熟悉高端料理內規和人脈的謝忠道，循著百年歷史的米其林指南及相關的飲食評鑑，告訴大家吃喝玩樂的幕前和幕後，總是存在著許多業界和政府結合來左右饕客喜惡的機制，以及這套遊戲規則背後的文化差異。

法國人對於書的熱愛有目共睹，在等人的空檔或是搭乘地鐵時，常能看到許多人拿出口袋裡的書籍專心閱讀。對於書籍的熱愛，來自許多人共同的努力。巴黎市區有72間大大小小、不同形式的圖書館，陳奕傑形容自己「在各大圖書館之間流浪，錢包裡的圖書館證遠多於各種商店的會員卡」。他透過法國國家圖書館的歷史與其建築物空間的演化，解析藏書、尋書、看書等愛書人的網絡秘密。葉俊良是少數立足海外的台灣書商，將非法國文化的童書轉譯成法語。這份職業需要有挑好書的能耐、知曉法國的出版市場以及洞悉孩童與父母的能力。

如何對待移民及下一代，是法國社會長久以來關注的議題焦點。劉君雅研究人口與生育率問題，詳盡分析法國歷屆政府鼓勵生育的邏輯思維，提倡「以孩子為本」，將孩子視為社會公共財，逐步建構一套能夠適用於不同家庭模式和育兒觀念的津貼補助。我自己同樣關注移民議題。法國是歐洲台灣人最多的國家，我以熱門美食網紅為例，討論旅法台僑的實況以及法國對待移民的態度，同時思考社群媒體如何成為移民解鄉愁的出口與開拓事業的利器。

2 LVMH (Moët Hennessy Louis Vuitton) 是全球最大的奢侈品公司，為 Bernard Arnault 主導的家族企業。Arnault 與世界最大的化妝品集團 L'Oréal 繼承人 Françoise Bettancourt Meyers 在 2023 年四月《富士比》全球億萬富翁排行榜裡，分別是當今最富有的男人和女人。他們的財富總和 2700 億歐元（約九兆三千四百五十億台幣），約是法國政府 2023 年的公債總額。請參考 Escande Ph. (2023, April 5) L'homme et la femme les plus riches du monde sont, pour la première fois dans l'histoire, tous les deux français. *Le Monde*

台法交流作為橋樑

馬克宏在2023年五月中旬的國際招商會上，宣佈來自台灣的固態鋰電池公司輝能科技將斥資52億歐元（超過1700億台幣），在法國北部港口城市敦克爾克近郊打造擁有三千名員工的汽車電池大廠。這是自1988年解嚴以來，台商在法國，甚至是在歐洲最大的單筆投資案之一，有劃時代的象徵意義。台灣的高科技技術、投資案的高金額以及台灣商人的高潛能，成為法國討論台灣的焦點，佔據法國各大媒體版面[3]。

在《歡迎光臨莎瑪麗丹百貨》中，我們同樣看到不同世代的台灣人，勇於在異國不同領域裡活出精彩。這本書雖然大部分著重在巴黎，但我們可以看到一個小法國的縮影。每位作者分享的生命經歷，就像是一本立體的巴黎地圖，可以放在各位讀者的口袋裡，通過作者、題材、文筆、領域的多樣性，帶領我們重新思考何謂「遠方」的意義。藉由作者們敘述如何移往他方的過程，期待豐富我們的經歷、知識，並能陪伴大家生出面對未來不確定的勇氣。

3 Le Monde, *Emmnuel Macron officialise l'implantation d'une super usine de batteries taiwanais Prologium à Dunkerque*, 2023/5/12

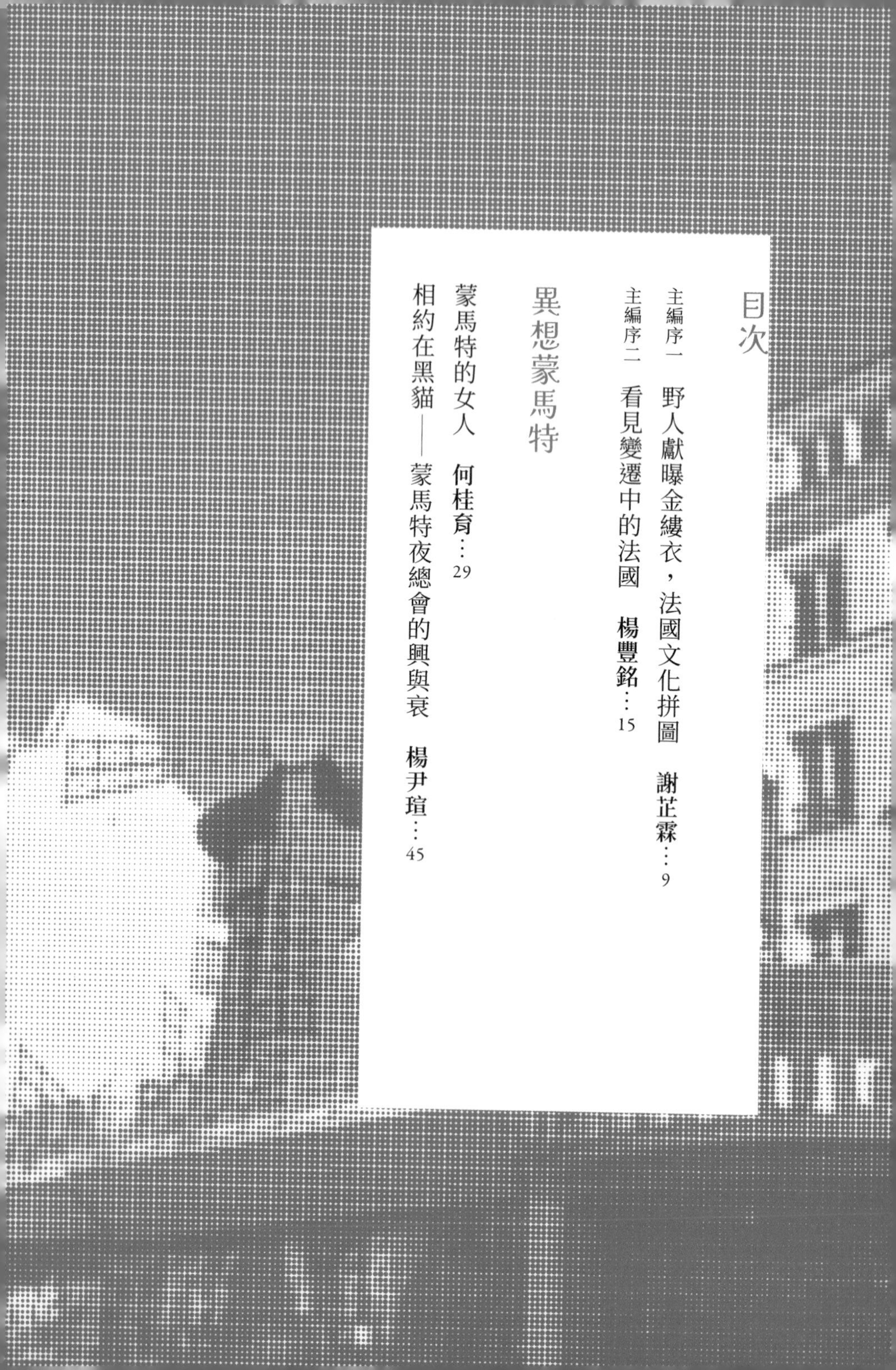

目次

魔幻巴黎

見微法國

文學情書

城市記憶

美食社會

異想蒙馬特

蒙馬特的女人

何桂育

「人類的歷史長期由男人主宰與書寫，但佔了二分之一的女人們，也有她們的歷史和她們的故事。」

巴黎北邊的蒙馬特（Montmartre）山丘，除了有著名的聖心堂（Sacré-Cœur）和紅磨坊（Moulin Rouge），還是從古至今的藝術家聚集地，這裡有畫了《煎餅磨坊的舞會》的雷諾瓦、初到巴黎的畢卡索、珍妮和莫迪里亞尼的愛情故事……。人類的歷史長期由男人主宰與書寫，但佔了二分之一的女人們，也有她們的歷史和她們的故事。今天我們不說這些蒙馬特著名的男人，我們來認識這些和蒙馬特有著深厚淵源女人們。

山丘上的傳奇女歌手 Dalida

說到蒙馬特山丘上最有名的女人，莫屬於Dalida這位上個世紀著名的歌手了。

Dalida，原名 Lolanda Christina Gigliotti，出生於埃及的一個義大利家庭。然而，二戰時的埃及是英國的附庸國，於是埃及當局便將 Dalida 的父親以敵對的軸心國罪犯關押入獄。戰後釋放的 Dalida 父親性情大變，成了一個性情不定又暴力的人，這讓 Dalida 有了很大的童年陰影，同時也為她後來悲劇的人生埋下了伏筆。

長大後的 Dalida 夢想成為一位演員，進入開羅的學校學習表演、參加選美比賽，還參演了幾部埃及電影。21歲時，Dalida 決定離開家鄉到巴黎闖蕩。初到巴黎的 Dalida，因為沒有吸引電影製片商的背景而處處碰壁，最後只好轉向歌唱事業，演唱一些帶有異國風味的拉丁歌曲。沒多久，Dalida 就憑藉著有義大利與阿拉伯情調的歌曲《Bambino》爆紅。Dalida 用著她帶有義大利腔調的法語唱著這首俏皮的歌曲，馬上獲得空前的迴響，歌曲還被翻唱成多種不同語言的版本。

後來 Dalida 的演藝生涯在法國可以說是一路順遂，她那帶有異國情調的歌曲在法國傳唱，也將法國與其他國家連結起來。她用法文演唱的阿拉伯文歌曲《Salma ya Salama》，在當時埃及與以色列緊張關係中，注入一絲和平的信息。用英法文演

蒙馬特山丘上一代歌手 Dalida 的家，現在是觀光客憑弔的景點之一。

唱的迪斯可歌曲《Monday Tuesday... Laissez-moi danser》或義大利文與法文《Ciao amore ciao》，讓法國香頌加入了民族氣息的浪漫色彩。

不過事業有成的Dalida，在感情上卻始終不順遂，有人說她追逐著像她父親一樣的男人。她交往過不願承認和她交往的法國電影英俊小生亞蘭・德倫（Alain Delon）、和她離婚後自殺的創作人Lucien Morisse、預計和她結婚卻飲彈自盡的Luigi Tenco，最後和Dalida在一起長達9年的Richard Chanfray，在跟她分手後二年也自殺身亡。她曾經愛過的人，接二連三的選擇用自殺的方式離世，讓 Dalida 內疚地認為是自己為他們帶來了不幸的厄運。最後在 1987 年 5 月 3 日，Dalida 在她蒙馬特的家中服藥自殺，享年 54 歲。現在 Dalida 在蒙馬特的住家成為觀光客拍照的景點，山丘上還有一個以她命名的廣場。

法國街頭藝術先鋒 Miss Tic

漫步在蒙馬特的小徑，你可能在街口轉角巧遇一位身材曼妙的女郎，她的身旁還伴隨著一個短句，這些是出自街頭藝術家 Miss Tic 的傑作。

Miss Tic 本名 Radhia Novat，藝名 Miss Tic 源自於《米奇日記》裡的女巫 Tic 小姐。1956 年出生在蒙馬特的一個突尼西亞移民家庭。Miss Tic 十歲的時候，她的母親、外婆和弟弟在一場車禍意外中死亡，父親也在她 16 歲時去世。年輕時的 Miss Tic 曾經想當一名演員，偶爾在劇場幫忙做道具，也在街頭表演。後來在一次戀愛分手後，男人跟 Miss Tic 說不想再見到她，讓她憤而開始在巴黎街頭噴上她的第一個作品。

Miss Tic 的作品以女性為主角，她筆下的女人身材曼妙窈窕，像電視或廣告裡迷人的身影。然而，這些性格女人的旁邊，都會有一句抒發的短句，這些句子是Miss Tic 藉由這些倩影想要跟大家傳達的話。在許多訪談中，法國記者問 Miss Tic 為何畫女人？她的回答是：「大家都愛畫美麗的女人不是嗎？雷諾瓦、莫迪里亞尼……」這些女人是她的化身，在巴黎的大街小巷傳達著訊息。

在公共場所或私人建築上塗鴉噴漆，街頭藝術早期在巴黎是一個「跑給警察追」的行業。Miss Tic 從上個世紀，1985 年開始在巴黎的蒙馬特、瑪黑區各地用模板進行噴漆創作，是法國街頭藝術的先鋒。但是，她也為此在 1997 年吃上官司，這讓 Miss Tic 此後噴漆前都得要先經過店家或屋主的同意。但 Miss Tic 一生鍾愛街頭藝術，她曾經說過：「整個巴黎都是展示我作品的藝廊。」

Miss Tic 鮮明的創作線條與顏色，還有女性主義的短語，曾讓法國知名品牌Kenzo、Longchamps、Louis Vuitton 和她合作，將原先違法的街頭藝術變成時尚元素。不知道是不是因為如此，Miss Tic 曾經表示：「街頭創作只有在開始販售時，才成為藝術作品。」

的確，有些店家不懂什麼是街頭藝術，蒙馬特街頭被抹去的 Miss Tic 作品越來越多，僅存的作品越來越少。而 Miss Tic 在 2022 年五月過世，被大家用法國街頭藝術先鋒紀念著。在蒙馬特漫步時，請留心，看看能不能巧遇 Miss Tic。

蒙馬特街頭的 Miss Tic 作品，上面寫著令人思考的語句。上圖在店家的外牆上，露出一半翹臀的女郎搭配著 Agitateur du local「在地的煽動者」，有誘惑購物，也有吸引人到此地的意思；下圖 L'Amour fou rend dingue，意思是「愛情使人瘋狂」。

莫里哀榮譽演員 Gisèle Casadesus

如果你想參觀蒙馬特的聖心堂，Google 地圖會建議你搭乘地鐵 2 號線到 Anvers 站下車。地鐵緩緩進站，我們很快就能從下車的擁擠人潮感受到蒙馬特的魅力。走出地鐵站後，往北邊看去，一條充滿觀光客的小路讓我們直達蒙馬特丘上的聖心堂。

這條小路是所有觀光客們前往聖心堂的捷徑，一年四季擠滿了人來人往的觀光客，小路兩旁是販售巴黎紀念品的小店，而我們現在要介紹的女主角 Gisèle Casadesus 就住在這條路上藍色大門的 2 號。

Gisèle 生於 1914 年，她的父母都是音樂家，所以她從小接受的就是音樂教育，而父母也希望她有朝一日能成為一位音樂家。但是 Gisèle 在十五歲那年失戀後卻決定往戲劇發展，具有天份的她在 20 歲進入了法蘭西戲劇院（La Comédie Française），開始她一生的表演生涯。

Gisèle 在法蘭西戲劇院一待就是三十年，離開法蘭西戲劇院之後，也繼續她的演藝生涯，是一位活到老演到老的專業演員。她到九十幾歲高齡時，是法國電影裡著名的老奶奶角色，到 103 歲臨終前還在電影裡演出。她的敬業精神獲得了法國戲劇界最高榮譽——莫里哀榮譽勳章（Molière d'honneur）。

蒙馬特的這個地址，是 Gisèle 從出生到最後死亡都離不開的家。她曾經在世界各地巡迴演出，但她的生活離不開巴黎，也離不開蒙馬特。而 Gisèle 一個世紀多的生命，除了奉獻給戲劇，也奉獻給家庭。她在 20 歲時嫁給大她 8 歲的男演員 Lucien Pascal，兩人互相扶持了一生，並組成了一個法國非常有名的藝術家庭。他們夫婦倆的大兒子 Jean-Claude Casadesus 是法國著名的指揮家，大女兒 Martine Pascal 是電影和電視演員，小女兒 Béatrice Casadesus 是榮獲法國騎士勳章的藝術家，小兒子 Dominique Probst 是法國著名的作曲家。Gisèle 從她父親那一輩開始到後來家族開枝散葉，在藝術領域形成了一個 Casadesus 家族，家中的孩子都是先學會音符，才開始識字。來蒙馬特參觀聖心堂的時候，路過這個藍色大門，不妨抬頭看看這個藝術世家的發源地。

畫作上的康康舞孃 Jane Avril

爬上蒙馬特山丘的小路有很多，其中一條是著名的殉難者路（Rue des Martyrs）。在19世紀末，世界各地的藝術家薈萃於蒙馬特，這裡興起了許多伴隨著表演的酒吧，像紅磨坊、黑貓或殉難者路上的Divan Japonais。就在這個當時和紅磨坊一樣熱門的表演酒吧裡，我們看到Jane Avril的身影。

從地鐵站出來往聖心堂的爬坡上，Gisèle Casadesus的家就在右手邊。

Jane Avril原名Jeanne Louise Beaudon，1868年出生在巴黎20區美麗城（Belleville），是一位交際花和義大利貴族的私生子。Jane的童年坎坷，從未見過父親，且受到母親的虐待，她因而出現了精神上的問題，而被送到沙爾科醫生[4]的醫療機構治療。在醫院某次的舞會中，Jane無意間發現了華爾滋這種舞蹈，於是她像著了魔一樣的舞蹈著、旋轉著，她跳到忘我的境界，讓所有人都從舞池中讓出空間。出院後，她就開始每週四晚上在巴黎左岸拉丁區的一間小酒吧跳舞。

從心理學的角度來說，舞蹈是Jane療癒自己的方式，她的舞蹈完全展現自己的心理狀態，像穿著紅舞鞋的小女孩一樣停不下來，卻又極具個人風格，是19世紀末的人們所未見的。後來Jane被紅磨坊的創辦人Charles Zidler相中，成了紅磨坊的舞孃。

那個時代的法國還很保守，女性露出一點腳踝都不被允許，而Jane的舞蹈不但露出了腳踝，甚至整段小腿的部分。而且在一片女性雪白的襯裙下，Jane露出她的紅色襯裙，獨特又令人充滿遐想，讓Jane成了紅磨坊的頭牌舞者，也讓頭牌舞者才

著名的殉難者路往蒙馬特丘上前行的左手邊，我們可以看到以前 Divan Japonais 的所在地。

能穿紅色成了紅磨坊的傳統。

後來 Jane 離開紅磨坊，跳槽到當時最時尚的 Divan Japonais。在法國藝術受到日本浮世繪影響甚鉅的年代，這家酒吧有日本風格的裝飾，服務生們也穿著和服。

Jane 加入後成為 Divan Japonais 的王牌舞者，後印象派畫家羅特列克（Henri de Toulouse-Lautrec）為 Jane 畫了一系列的版畫和油畫，其中名為《Jane Avril 舞蹈》（Jane Avril dansant）的油畫現存於巴黎

4 沙爾科醫生（Jean-Martin Charcot）是現代神經學與臨床醫學的前驅。他對於催眠和歇斯底里的研究，曾經吸引歐洲許多學者專家慕名前往他創辦的 Salpêtrière 學校，其中包含佛洛依德。

奧賽美術館中。如果要說法國康康舞的歷史，Jane Avril 絕對可以算得上是19世紀末的先驅之一。

紅磨坊的傳奇人物 La Goulue

法國舉世聞名的康康舞，在19世紀末的蒙馬特山丘問世，那是普法戰爭到第一次世界大戰之間，40年沒有戰爭的美好時代（La Belle Époque），當時蒙馬特開了許多的夜總會和酒吧，藝術家和文人都彙集於此。紅磨坊（Moulin Rouge）就是當時遺留下來的產物，今天成了蒙馬特重要的地標，也是觀光客們來巴黎旅遊時期待安排的行程。

紅磨坊前總是有著大排長龍的遊覽車，來自世界各地的觀光客將在此度過一個美好的夜晚，一邊欣賞法國康康舞表演，一邊享用晚餐。現在紅磨坊康康舞的舞者們每位都是精挑細選，舞蹈技術、身高、外表，甚至胸形都是考量因素，每位都是萬中選一的舞者。而康康舞表演時，舞者們發出的尖叫聲，就源自於現在要跟大家介紹的女主角 Louise Weber，人稱 La Goulue。

La Goulue 這個貪吃鬼的外號，其實是 Louise Weber 當交際花時，源自於一位曾經資助她的富豪。La Goulue 1866 年出生於巴黎郊區的工人家庭，三歲時母親拋下家庭和情人私奔，而她長大後到了蒙馬特擔任洗衣工人。不過年輕的 La Goulue 會在晚上的時候，穿著客人拿來清洗的華服，打扮光鮮豔麗的出去遊玩，之後再清洗還給客人。此時的 La Goulue 在蒙馬特認識了許多藝術家，像畫家雷諾瓦和攝影師 Achille Delmaet，年輕的 La Goulue 當洗衣工的同時還當他們的模特兒。

後來 La Goulue 很快就被人發現她跳舞的天賦，在紅磨坊成為了一位康康舞者。她的長相甜美、身材豐盈且明眸皓齒，吸引了不少的客人捧場，讓她在很短的時間內累積了不少的財富。然而，29 歲的 La Goulue 發現自己懷孕後，就決定急流勇退的離開紅磨坊。

La Goulue 也像她的外號一樣，是個貪食又熱愛杯中物的女人，她會在經過客人桌子時喝光他們的酒。不過，在紅磨坊長時間又強力的舞蹈演出和排練下，La Goulue原本豐腴的身形還得以維持。離開紅磨坊後的La Goulue日夜笙歌、一擲千金，沒過幾年就散盡積蓄又變得臃腫不堪。後來她做過馴獸師的工作，也在巴黎北方的跳蚤市場賣過舊貨，還會在紅磨坊的入口賣花生和香菸。昔日的知名舞者雖被發現臃腫不堪地在紅磨坊前兜售商品，但她也樂於為大家簽名合影。

1929年，身體過胖的La Goulue因水腫又中風，痛苦地在63歲時死去。死去後被草草葬在巴黎郊區的公墓，直到1992年前任總統席哈克（Jacques Chirac）當巴黎市長時，下令將La Goulue的墳墓遷回蒙馬特公墓。舉行下葬儀式的當天，還有二千多人到場悼念這位曾經紅極一時的康康舞女伶。和Jane Avril一樣，我們可以在博物館中看到La Goulue的畫像，紅磨坊至今也持續著La Goulue跳舞時尖叫的傳統。

紅磨坊是造訪巴黎的遊客必拍景點之一。

蒙馬特藝術博物館的唯一女畫家 Suzanne Valadon

19世紀末是蒙馬特興起的時代，不過當時的蒙馬特和現在我們看到的豪宅區相反。當時的蒙馬特是巴黎的貧民區，是許多從外省到首都打拼事業者的聚集地。便宜廉價的房租吸引了社會低下的階層在此聚集，工人、洗衣婦等，還有藝術家和妓女，這些人造就了蒙馬特精彩的歷史。

Suzanne Valadon 原名 Marie Valadon，她是蒙馬特洗衣婦的私生女，小時候曾經在馬戲團表演，受傷後就在蒙馬特當藝術家們的模特兒，她曾經是雷諾瓦、羅特列克等藝術家的模特兒，也是音樂家 Erik Satie 追求的對象。

當藝術家的模特兒，讓 Suzanne 開始對繪畫感興趣，也開始自己的繪畫生涯，並師從 Edgar Degas，成為後印象派蒙馬特的唯一女性畫家。Suzanne 和其他的藝術家一樣在科爾多路12號（12 rue Cortot）創作，並扶養她的兒子 Maurice Utrillo。Maurice 長大後，也隨著母親的腳步成為一名畫家，母子倆在法國藝術史上都佔有一席之地。

今天的科爾多路12號是蒙馬特博物館，開放大眾參觀當年藝術家們居住創作的房間和主題畫展。博物館內的花園名為「雷諾瓦花園」，因為雷諾瓦著名的畫作《鞦韆》和《蒙馬特Cortot路上的花園》都在這裡取景。

蒙馬特博物館內的雷諾瓦花園。

相約在黑猫
——蒙馬特夜總會的興與衰

楊尹瑄

「藝術家們這種表面上看似歡快輕浮、對世道充滿嘲諷不屑的態度，其實反映了當時年輕一代法國人的時代創傷與對現實世界的不安。」

黑貓盛世

1885年五月，黑貓搬家了。

從蒙馬特丘山腳下的霍許舒瓦大道（Boulevard Rochechouart）84號，搬到只隔了兩條街的拉法街（Rue de Laval）12號，走路不過五、六分鐘的距離而已。黑貓夜總會（Le Chat noir cabaret）的老闆霍道爾夫．薩利（Rodolphe Salis, 1851-1897）卻費盡心思，把這次搬家當作一次盛大的宣傳表演，浩浩蕩蕩展開了夜間遊行。

拍攝者不詳，《黑貓夜總會樓面，拉法街》，約1885年。

> 在管樂隊後方，遊行隊伍由兩個穿著傳統華麗制服、頭戴羽飾的衛兵領頭，接著是薩利，穿得像個省長。〔…〕四個身著正裝的扮裝「學院院士」拿著維雷特的畫作《主上，請寬恕》，〔…〕後方跟著一大群人，數不清的火把將四周照得通亮，隊伍環繞了附近的大道一整圈，樂隊不停吹奏著小步舞曲和嘉禾舞曲。最後遊行隊伍湧入了布置得美輪美奐的黑貓新居，店面剛大幅整修過。[5]

新店面的內外裝潢也極盡浮誇之能事。黑貓夜總會從一間擁擠的寒酸小店，搖身一變成了一棟四層的漂亮樓房，挑高的一樓還可提供皮影戲劇場演出。三樓的窗台外懸著背後金光四射、巨大的黑貓塑像，神氣地轉頭睥睨著眾人；門口和初店一樣採用了仿古風格，掛上了畫家維雷特（Adolphe Léon Willette）製作的著名招牌——一隻炸毛的精瘦黑貓站在一彎新月上，澄黃的大眼警戒地盯著來客。一直以來負責室內裝飾的維雷特，受薩利之託設計了一樓豪華的彩繪玻璃《金牛犢》（*Veau d'or*），帶有強烈的反猶意味。店內四面牆上掛滿了藝術家、插畫家或漫畫家的作品，薩利故意將各個廳房取名為「國家廳」、「偉人廳」、「部長廳」、「總統辦公室」等，藝術家休息間稱為「學院」，還在讓店內侍者都穿上模仿法蘭西學院（Académie

畫家維雷特（Adolphe Léon Willette）為黑貓夜總會製作的著名招牌。

française）院士的制服，維持他一貫誇張、惡作劇式的嘲諷風格。

薩利野心勃勃、意氣風發，黑貓似乎迎來了它的黃金時代。這個活躍的夜店經營者腦袋裡裝滿異想天開的點子，油嘴滑舌、能言善道，是天生的活動策畫家，擅長炒熱氣氛，說話總是引人注目。這副模樣從他三十歲那年（1881）創立黑貓一直到 1897 年收店，幾乎都沒怎麼變過。與他同時代的爭議詩人塔拉德（Laurent Tailhade）是這麼形容他的：

> 他體型健壯，一頭帶著橙橘色澤的紅髮，儘管肚子出來了，臉上刻著不少

5 Horace Valbel, *Les Chansonniers et les cabarets artistiques*, Paris, E. Dentu, 1895, pp. 67-68.

> 皺紋，卻也不太顯年紀，其實他當時已經過了四十好幾。不過他總是看起來很有精神，剪裁雅緻的樸素暗色大衣裡頭，配上一件對比強烈的花布短上衣。未加修飾的狂亂頭髮襯著赤褐色的鬍子，讓他看起來像 Van Cupy 或 Gérard David 畫筆下神氣的法蘭德斯傭兵。[⋯]只有眼睛失去了光彩，在浮腫垂塌的眼皮下，因為煤氣的蒸薰、熬夜和無節制的豪飲而顯得更小，白天在陽光下就會不停眨眼。他的嗓子粗糙嘶啞，但只要有個說話的舞台，他立刻滔滔不絕，口若懸河，像支上低音號般聲若雷鳴，發出辛辣的挖苦嘲諷，肆無忌憚地嘲笑著那些沒文化的俗人。[⋯]十足江湖郎中的本性。[6]

黑貓不只有酒，還有永不停歇的歌舞表演、皮影戲、小劇場和扮裝舞會，全巴黎最當紅與最邊緣的藝術家、詩人、音樂家齊聚一堂，紳士名媛、三教九流唱歌跳舞，盡情狂歡嬉鬧。1880 年代晚期，黑貓已然成為巴黎時髦夜生活的代名詞，還被英國旅遊指南書選為重要娛樂景點。每到周末夜晚，慕名而來的外地客湧進蒙馬特朝聖，渴望親眼目睹傳說中最巴黎的巴黎人，世紀末的波希米亞。

然而，儘管新的店面更氣派寬敞，維繫著黑貓靈魂的，仍然是那充滿傳奇的初代店。薩利在 1872 年從法國中部小鎮來到巴黎，這位汽水製造商的兒子並沒有打算繼承家業，他喜愛畫畫，靠和幾個藝術家朋友一起製作宗教裝飾畫維生，夢想開一間結合藝術與表演的酒館，希望這個酒館無論是窮酸藝術家，還是體面的布爾喬亞，都可以一起喝酒看戲。他在巴黎北邊的蒙馬特山腳，找到一間只有兩個隔間的廢棄老郵局，1881 年 11 月 18 日，黑貓夜總會正式開幕。

店名的由來有各種不同的說法，有人說是改建期間薩利在人行道上發現一隻流浪的黑貓，也有人說是從店裡買來的貓，不過可以確定的是，薩利的命名帶著強烈的挑釁和輕佻意味。除了傳統上，黑貓被視為不祥或邪惡的象徵，「黑貓」一詞在當時也經常被用於性暗示或黃色笑話的雙關語，指有性吸引力的女性或女性性徵。室內佈置成路易十三時代的復古風格，鄉村風椅子、老橡木長桌，牆上是老舊織毯，一盞顯眼的拜占庭式鑄鐵吊燈，一座高大的石造壁爐，擺著黃銅器和幾件陳舊的中

6 Laurent Tailhade, *Petits mémoires de la vie*, Paris, G. Crès, 1922, pp. 64-65.

古風盔甲。空間已經很小，只能容納三十個人左右，卻硬是擺進了一台鋼琴。前面的房間接待一般客人，裡間的「學院」則專門招待藝術家、音樂家或作家，因此吸引了不少文藝愛好者前來探險。初代的黑貓座位擁擠、陳設簡陋，賣的是最便宜的劣酒，卻是藝術家們心中的聖殿，更是薩利口中「全世界最與眾不同的夜總會」：

> 和你擦肩而過的可能是巴黎最知名的人物，和來自全球每個角落的外國人相遇。……人們爭先恐後，蜂擁而至。這是本時代最偉大的成功！進來吧！進來吧！[7]

黑貓的藝術家們

一開始為黑貓帶來人氣的靈魂人物，其實是顧多（Émile Goudeau, 1849-1906）。顧多是才華洋溢的詩人，是小說家，也是一群年輕藝術家的領袖。這個年輕藝術家團體有個古怪的名字，叫做「水療者」（Les Hydropathes），成員有詩人、作家、畫家、插畫家、歌手、作曲家、舞者、演員，多數相遇相識於舞廳和酒館，以顧多為核心，集結成藝術家小團體。1878年，在塞納河左岸咖啡館裡組成的水療者，有人這樣形容他們：「一群不正經又愛惡作劇的人，熱愛藝術又愛開玩笑，就此聚在一起。[8]」他們年輕狂放、桀驁不馴，在顧多的主持下，每逢週三和週六在巴黎南邊拉丁區的咖啡館舉辦晚會，成員輪流上台發表新作，熱鬧非凡。水療者們不再是浪漫主義時期，繆塞（Alfred de Musset）筆下悲慘失意的貧窮藝術家，而是世紀末（Fin-de-siècle）的波希米亞。他們喜愛人群，渴望舞台，以滑稽搞怪、批判諷刺的嘻鬧風格為基調，積極籌辦刊物、組織娛樂晚會。不過兩年後，水療者團體就因為部分成員的方向不合而終止了活動。

顧多在夜總會「大酒杯」（Cabaret de la Grande Pinte）裡認識薩利，兩人一拍即合，他不但憑藉著廣闊的人脈與高超的活動策畫能力幫薩利籌備節目，推動了黑貓的經營，更在創店的隔年一手攬下《黑貓》雜誌的主編工作，定期發刊為夜

7 *Le Chat noir*, 4 April 1882.

8 Émile Goudeau, *Dix ans de bohème*, Paris, Librairie illustrée, 1888, p. 187.

總會打廣告。1881年底當黑貓開幕時，正是顧多號召了三十多個前水療者成員前往捧場，離開了左岸，把黑貓當作新的活動場地，以歡樂喧騰的「星期五之夜」為薩利的小店打響了名號。自此蒙馬特丘取代了拉丁區，成為巴黎藝術家們聚集的主要區域。除了水療者之外，還有其他標榜叛逆惡搞、自由精神的年輕藝術家小團體紛紛加入，像是「不協調藝術者」（Les Arts incohérents）、「長毛人」（Les Hirsutes）、「玩世不恭派」（Les Fumistes）、「呸派」（Zutistes）、「咱邊緣人」（Nous Autres）等等，都把黑貓當成了重要的基地。

而每個星期六下午舉行的藝術家秘密聚會，也只是另一場瘋狂胡鬧的藉口而已：

薩利用宏亮的聲音叫喊：「歡迎光臨！女士先生們！節

野心勃勃、意氣風發的薩利。

目即將開始！〔…〕大家讓座給詩人、作家、音樂家和藝術家們！」等到座位坐滿，便關上門上鎖，晚來的熟客就會從秘密入口進入，不知情的客人想喝杯咖啡來拍門，就會被眾人拉進來戲耍一番，然後盛大的表演節目開始！如果不熟悉不協調或玩世不恭式惡作劇的人闖進這群年輕人的地盤，會以為自己被送到了蠻荒的非洲，四處都是危險的黑人；所有的瘋狂都被讚揚，只有脫褲子這件事不行，因為現場還有女士們在…倒也不是因為女士們會害羞，她們大部分都不是假正經的女人，而是因為…有警察在。所有正值青春的文學家、藝術家都在，也包括那些老的。〔…〕總而言之，這裡充滿青春與生命力，許多未來的希望之星、現在和將來的天才都在這裡。我們喝酒，接著唱歌，或朗誦詩句：而顧多領導著這個碉堡的軍隊〔…〕[9]

許多同時代參與過這些狂歡盛會的文藝人士，都見證了這一代文藝人士在黑貓夜總會的記憶：

9 Paul Fresnay (pseudonym of Guillaume Livet), *Le Voltaire*, Dec. 1882；cited by Luc Ferry, *L'Invention de la vie de bohème*, 1830-1900, Paris, Cercle d'Art, 2012, pp. 138-142.

> 第一間黑貓，在霍許舒瓦大道上那間，是文學與藝術的匯集地，向所有狂狷奇想開放：驚人地聚集了所有追求心靈歸宿的年輕人，從顧多到莫雷亞，洛杭到湘普索（Félicien Champsaur）。漸漸的整個世代的都來到這裡，度過那些無用的、充滿幻想的夜晚〔…〕[10]

活躍於水療者、不協調以及黑貓，波希米亞圈中的鋒頭人物、名演員小寇克蘭（Coquelin cadet）描述這間「首都裡獨一無二的酒館」：

> 這間酒館有個挺嚇人的名字叫黑貓，（薩利）聚集了詩人、畫家、音樂家、雕塑家、建築師、演員，提供他們喝的（酒）。全世界的人都來到霍許舒瓦大道，看這些著迷於自由藝術的年輕人，看他們全然盲目的矛盾、令人眼花撩亂的奇想，完全無視於教條成規與布爾喬亞，高聲發表浮誇的觀點，高聲歌唱吟誦洋溢著抒情與印象主義的詩句。[11]

然而，藝術家們這種表面上看似歡快輕浮、對世道充滿嘲諷不屑的態度，其實反映了當時年輕一代法國人的時代創傷與對現實世界的不安。1870 年普法戰爭法國慘敗的羞辱猶未消退，第二帝國瓦解後，緊接而來的巴黎公社事件震撼了全巴黎，第三共和初期一連串的政治風暴使得人心惶惶。顧多在 1888 年出版的回憶錄《波希米亞十年》（Dix ans de bohème）中記錄了自己在組成水療者前夕，強烈感受到對時局的憂慮以及所採取的回應方式：

> 政治像漩渦似的演變為暴力的對話，〔…〕這真是一個可悲的時代，似乎人們再也不會關心文學了。幾乎要就此放棄。〔…〕不過我們開始構思出玩世不恭主義，這是一種鄙視一切，打從心裡瞧不起所有人和所有事，在面對外界時轉化成無數的諷刺漫畫、荒誕玩笑和惡作劇。〔…〕那真是一個可怕又歡樂

10 From Jean Ajalbert, cited by Raymond de Casteras, *Avant le Chat noir : les Hydropathes, 1878-1880*, Paris, Messein, 1945, p. 221.

11 Coquelin cadet (Ernest Coquelin), "Le Chat noir", *Pirouettes*, Paris, Ed. Jules Lévy, 1888, p. 287-288.

的年代。[…]我們這一代人，儘管有這麼多的理由當一個悲觀主義者，卻如此努力地用歡樂來對抗煩惱與萎靡。其後當其它文藝運動經常表現出叔本華式的悲觀，不管是水療者還是黑貓，大部分時候也總是在努力開懷大笑。[…]年輕藝術家們都像身負聖職似的，太嚴肅了，我覺得實在對健康不好。[12]

黑貓不只凝聚了藝術家們，匯聚成一股無法規格化的、叛逆的嶄新創造力，為未來的前衛藝術開闢了一方沃土。這種不受拘束、以歡樂對抗不安的蒙馬特精神，也感染了世紀末的巴黎社會，「藝術家生活」透過這個大眾消費場所成為一種新潮的意象，吸引了不同階級的好奇觀眾來到黑貓，來到蒙馬特一窺究竟，親身體驗波希米亞式的生活氛圍：

在前一間黑貓（霍許舒瓦大道）那裏可以看到過去的長毛者團體、詩人、音樂家、畫家，總之那些藝術家。在1881年一間蒙馬特酒店裡，我們很難想像「藝術家」這個字是如何包含了青春、歡笑、勇敢、抒情、幻想、滿不在乎、貧窮、確認自己對明天的不確定感、顛覆性的理論、吊兒啷噹的調調、愛慕虛榮、

> 煙癮、酒癮、鬍鬚與頭髮。每個晚上我們聚在一起，朗誦詩句並歡唱：這些讓人驚奇聚會的名聲很快就在巴黎傳開；接著金融界的富豪、政治權貴、想大肆揮霍的人都來了，來參觀這些無憂無慮的波希米亞生活，星期五晚會成為貴氣洋溢的日子，貴婦、有錢的布爾喬亞階級、妓女全都在黑貓夜總會這裡。[13]

蒙馬特就在這十來年間，從一個鄉村般的偏僻郊區，成了遠近馳名的風俗區與新興的藝術村，在黑貓的引航下，面朝著南方的巴黎，在夜裡點起一盞又一盞艷麗誘人的燈火，像漂流在暗海上一座不眠的歡愉之城。

世紀末的蒙馬特

彼時蒙馬特當然不會只有黑貓一間夜總會。1880年以前除了費南多馬戲團

12 Goudeau, *Dix ans de bohème*, pp. 148-151.

13 From Maurice Donnay, cited by Coquelin cadet, “Le Chat noir”, pp. 221-223.

（Cirque Fernando）、兩間叫做蒙馬特愛麗榭（L'Elysée Montmartre）、煎餅磨坊（Moulin de la Galette）的大眾舞廳以外，還有開在山丘較高處的狡兔之家夜總會（Au Lapin agile）。在黑貓出名之後，陸續又有多家夜店在此開幕，其中不乏赫赫有名者：德列姆修道院夜總會（1886）、紅磨坊夜總會（1889）、巴黎賭城（Casino de Paris, 1890），還有以華麗誇張門面裝飾著稱的天堂（Cabaret du Ciel）、地獄（Cabaret de l'Enfer）、虛無（Cabaret du Néant）夜總會三聯盟店、四藝術夜總會（Cabaret des Qua'z'Arts, 1894）等。到1900年，小小一區蒙馬特已有超過四十間娛樂夜店，包括夜總會、音樂咖啡廳、舞廳、音樂廳、劇院、馬戲團，在短短十年內增長了兩倍半[14]。世紀末的蒙馬特丘村落一到夜晚變成了一座大型遊樂場，永無休止的宴飲、歌舞與慶典活動，使它在接下來的美好時代（La Belle Époque）中成為名符其實的娛樂城堡。

位於巴黎北郊制高點的蒙馬特丘，1860年在奧斯曼的都市計畫下才正式劃為巴黎市的第十八區，從一個種植葡萄、到處豎立著磨坊風車的小聚落成為大都會的一部份，但仍保有強烈的「村落」氣息與自由性格。普法戰後1871年巴黎公社抗爭期間，以蒙馬特為據點的共和派，自組民兵反抗臨時政府，政府軍曾一度攻打蒙馬特失敗，雖然最後仍以血腥鎮壓收場，從此此地就成為勞工階級反抗權威的象徵地、充滿濃厚革命精神的特殊區域。儘管在丘頂號稱呼吸得到全巴黎最乾淨的空氣，背向市區的北坡仍然像座平靜樸實的村落，但對當時的巴黎人來說，黑貓夜總會開設之初的蒙馬特仍然是個貧窮、危險的偏遠市鎮。不過這種特殊氛圍同時也吸引了許多主張無政府主義及反布爾喬亞階級的波希米亞藝術家在此聚集，形成具有高度自治意識的社群。1884年，薩利甚至還出馬競選地方區長選舉，大膽主張蒙馬特從法國獨立出來，自成一區：「蒙馬特有豐沛的財源、藝術與精神，足以以它獨特的方式存在。〔…〕蒙馬特萬歲！」在《黑貓》雜誌一貫浮誇的廣告詞裡，還將蒙馬特比擬為挪亞方舟停靠的「亞拉拉特山」、「人類起源的搖籃」和「世界的中心」[15]。

---

14 Philip Dennis Cate, “L’Esprit de Montmartre et l’art moderne, 1875-1910”, *L’Esprit de Montmartre et l’art moderne, 1875-1910 & Guide du musée de Montmartre*, Paris, Somogy Éditions d’art, 2014, p. 25.

15 Jacques Lehardy, *Montmartre*, Le Chat noir, 14 jan 1882.

第一代黑貓搬離後，由著名歌手布魯翁（Aristide Bruant）在原址開設了響笛夜總會（Le Mirliton, 1885）。二代黑貓風光了十多年，1896年時再度搬家，選在更熱鬧的克利希大道（Boulevard de Clichy）上。然而光芒漸失，盛世已終。顧多和薩利早在1880年代晚期就已漸行漸遠，最後分道揚鑣。黑貓雖然掀起了蒙馬特時代的熱潮，但成為夜店主流以後，品味卻逐漸流於商業化。多年後，顧多在為一本《外地人的蒙馬特指南》（Guide de l'étranger à Montmartre, 1900）所寫的前言中，帶著惋惜與責備的口吻說起黑貓與蒙馬特的變化：

> 蒙馬特不再把自己視為遺世獨立的存在，卻妥協向巴黎更加靠攏；擁有了足夠傲視眾人的財富之後，轉身朝拜金牛犢，把諷刺、離經叛道和搞笑當成藉口。⋯⋯金牛來到了蒙馬特，用叮噹作響的金錢，每天吃的麵包，男士晚禮服和擦得光亮的皮鞋，取代了所有真正的藝術家、詩人和音樂家。16

第三代黑貓開幕後不久，薩利因財務問題鬧出不少爭議，後又由於健康不佳，在隔年的一月就將黑貓轉手讓出，決定專心籌辦「黑貓巡迴劇場」，兩個月後回到家鄉就一病不起。黑貓夜總會的傳奇歷史也畫下了句點。

直到今日，「黑貓」與「藝術」仍然是所有人前往蒙馬特的通關密語，穿越時空回到十九世紀末那座在深夜中喧鬧的海市蜃樓，提醒著人們那裏曾經有一群有著自由靈魂的波希米亞人，他們跳著恣意狂歡的舞步歌唱而來，像一場盛大的遊行，然後又漸漸消失在山腳的街道盡頭。

16 Vivtor Meusy and Edmond Depas, *Guide de l'étranger à Montmartre*, Paris, J. Strauss, 1900, pp. 7-8.

Prochainement
TOURNÉE
DU
CHAT
NOIR
AVEC
RODOLPHE SALIS
Imp. CHARLES VERNEAU 114, Rue Oberkampf PARIS

黑貓巡迴劇場的海報。

魔幻巴黎

歡迎光臨莎瑪麗丹百貨

林鴻麟

「莎瑪麗丹乘載著很多歷史，並且也將製造更多的故事。」

市中心百年歷史的百貨公司

我的工作頭銜是莎瑪麗丹百貨公司（La Samaritaine）的禮賓員。它其實就是門房接待員、諮詢處、客服部與投訴中心的總和，負責迅速地為顧客與所有員工的疑難雜症找到解決方法，業務項目繁多，閱人無數，常常工作一天像是已經過了一生。

莎瑪麗丹是一間位於巴黎市中心、有一百五十多年歷史的百貨公司，幾乎每個三十歲以上的法國人，即使只是「小時候校外教學去過」，都有關於莎瑪麗丹的記憶。而我來工作之前，對它的唯一記憶，是從頂樓露台看出去的塞納河景，那是我心目中巴黎最美的風景。對沒去過巴黎的讀者而言，或許對它也不陌生，因為紅遍華語市場的歌手周杰倫，就是在它那個新藝術（Art Nouveau）風格的頂樓，拍攝了〈最偉大的作品〉的MV。

工作的時候，我總是喜歡遠遠地看著走進店裡的客人。事實上，即使我工作的櫃檯就在入口處的正對面，客人也不會馬上看到我，因為他們的視線總是會被眼前的新藝術造型樓梯所吸引，每個人都會打從心裡發出「哇！」的讚嘆，其聲之大，連十數公尺外的我都能感同身受，然後覺得自己能在這座如博物館般美麗的百貨公司上班，是一種幸福，儘管我可能在幾分鐘前才剛剛被一個奧客罵到臭頭。

周杰倫曾在莎瑪麗丹百貨新藝術風格的頂樓拍攝MV。

莎瑪麗丹百貨裡令客人驚豔的新藝術造型樓梯。

講述百貨歷史的說書人

我的工作之一，是在時間允許下，就要向客人訴說莎瑪麗丹百貨公司的歷史，這是我們與其他百貨公司最大的不同之處。我的法國同事們似乎都很熱衷於這件事，常常跟客人一聊就是半小時，以致於其他人的所有問題都會落到我身上。我最常被問到的問題是「廁所在哪裡？」以及「出口在哪裡？」。

「出口就在您的後面。」我通常會用手指給面前的客人看。如果他們的眼睛夠銳利到可以看到我的手，他們也可以看到出口，畢竟入口就是出口，而且就在我們旁邊！然後，他們就會露出「找到自己大腦」的表情跟我道謝，羞愧地奪門而出。

而對於那些問我廁所在哪裡的客人，我都會為他們感到慶幸找對人問了，否則我的同事們才不會管他們是否憋得住，一定要跟他們說說莎瑪麗丹百貨的歷史！

「您第一次到莎瑪麗丹嗎？」（我心裡想：「廢話，不然幹嘛問廁所在哪裡？」）「請容許我告訴您……」不論客人問什麼，同事總是這樣開場，然後開始說故事。

莎瑪麗丹百貨成立於1870年，創始人鄂赫涅斯特．孔奈克（Ernest Cognacq）從法國中西部小島上的一個小村莊，徒步超過兩個星期，走到巴黎尋求謀生機會。那是一個百業正興的年代，商業與工業的發展都到了前所未有的高度。巴黎已經舉辦過兩次萬國博覽會，並且開始有大型百貨公司。因為當時的女人只有購物才能出門，因此這些販賣百貨、可以一次滿足她們購物清單的大型商場因而大受歡迎。

年輕的鄂赫涅斯特走到羅浮宮旁的羅浮百貨應徵，只因穿著邋遢而被拒絕；失落的他走到當時連接巴黎左右兩岸的主要交通樞紐新橋（Pont Neuf），突然靈機一動，決定自己當老闆，做起布料生意。

「原來是這樣。謝謝，但請問洗手間……」客人似乎開始面露難色。

連接巴黎左右兩岸的主要交通樞紐新橋（Pont Neuf）。

「請讓我說完！」我同事的聲調忽然轉變，彷彿播放的錄音帶轉速有問題，但很快地，在客人似乎被嚇到，而來不及反應之前，他又繼續說故事了。

「當時中產階級的女人在一天之中，會依照不同的場合更換衣服，通常一天要換七次。」客人聽到這裡開始感到興趣，暫時忘了他們要去洗手間。

鄂赫尼斯特看準了因為女人換裝多次，相應而生對布料的大量需求，決定在新橋上擺攤賣布，並且撐起一把紅色的雨傘來吸引路人的注意。很快地，他就賺到第一桶金，利用這筆錢在塞納河右岸、新橋旁的一家咖啡廳租下一個角落。不久之後，他就把整間店面買下，而這間店就是莎瑪麗丹百貨的前身。

幾個月後，普法戰爭爆發，莎瑪麗丹接到開幕後的第一張大訂單——為法國軍隊提供制服。莎瑪麗丹所設計製作的合身剪裁、極具時尚感的紅色軍褲，在當時深受法國士兵的喜愛。然而我們無法得知，是否因為紅色在戰場上太醒目，使得法國士兵較容易被發現而遭到射殺，以致於普魯士軍隊大獲全勝。但可以確定的是，這筆為這場戰爭提供軍服的收入，是莎瑪麗丹日後成為法國最大的百貨公司的基礎。

「那我們目前所在的這棟新藝術建築，是什麼時候蓋的呢？」天性愛聊的法國客人問。

「我還沒講到那呢，先生。」提到莎瑪麗丹百貨，還必須提到一個人，那就是孔奈克夫人瑪莉．路易絲．賈依（Marie-Louise Jaÿ）。她是當時巴黎第一間百貨公司樂蓬馬歇百貨（Le Bon Marché）所聘雇的第一批女售貨員。在她之前，百貨公司拋頭露面工作的售貨員都是男性。她與鄂赫涅斯特因事業目標契合，而結為連理。兩人婚後幾乎無休止地工作，甚至從不一起用餐，只為了必須至少有一個人在商場工作。然而，就是因著這樣的努力，他倆一點一滴地建造了「莎瑪麗丹王國」。

「但要說到目前我們所在的新藝術建築，就還得再提到一個人，那個人就是建築師弗朗茲．喬丹（Frantz Jourdain）。」有一天，在家專心工作的鄂赫涅斯特，發現家裡的牆壁被隔壁鄰居鑿了一個洞，氣沖沖地跑去找鄰居理論，因而認識了這位當時走在時代尖端的建築師。兩人一拍即合，從此，弗朗茲成為莎瑪麗丹百貨的御用建築師，他為百貨公司進行了數次改造，並在 1907 年以當時最新最受歡迎的兩個元素——「鑄鐵」與「新藝術」，建了如今被奉為新藝術經典百貨公司的主建築，也就是位於 Rue de la Monnaie 那棟。

莎瑪麗丹百貨的主棟，是二十世紀初建成的新藝術風格，LVMH 集團斥資整修，如今猶如一座免費的美術館。

莎瑪麗丹百貨什麼都賣？

那是巴黎最輝煌的年代，幾次的萬國博覽會讓巴黎成為當時最現代化的城市之一。艾菲爾鐵塔在1889年的萬國博覽會建成面世，而1900年的萬國博覽會更是讓人至今仍津津樂道，電力滾動式人行道、地下鐵、電影都是當時的新創舉。人們追求創新的事物，帶動了百貨業的興盛。莎瑪麗丹也在多次擴建之後，在第二次世界大戰之前，變成當時家喻戶曉的百貨公司。

「莎瑪麗丹什麼都賣！」（On trouve tout à La Samaritaine.）這句1960年的廣告口號，至今仍留存在很多法國人的腦海裡。許多懷舊的白髮客人說他們的第一隻寵物天竺鼠或鳥，就是在莎瑪麗丹買的，且據說當時甚至還可以訂購大象，活的大象。

「洗手的地方……」客人終於又想起了來詢問處的目的。

「我講到哪裡了？」同事被這麼一打岔，停了一會兒才又繼續。

在1960到1970年代，莎瑪麗丹已經發展成當時巴黎最重要的百貨公司。但隨著人們的消費習慣改變，在1970年走到巔峰之後逐漸走下坡，至2001年，被奢侈品集團LVMH收購。當時集團已經有大改造計畫，卻在2005年以安全顧慮為由無預警關閉，從此與政府開始漫長的改建計畫協商，一直到2014年計畫被審核通過，才開始動工整修與重建。

當所有人都以為莎瑪麗丹已然走入歷史之際，由LVMH主導的新莎瑪麗丹即將開幕的消息，引起了廣大的注意。2021年六月，由法國總統馬克宏親臨剪綵，關閉了十六年的新莎瑪麗丹於是誕生，重新開啟大門，成為喜歡喋喋不休的法國人當年度最火紅的話題。

「對了，您剛剛問我廁所在哪裡，下樓直走、左轉。」為了這個幾秒鐘就可以講完的答案，客人從我同事那上了一堂歷史課。不過他們看來似乎很滿意，連忙道謝之後，就往廁所的方向奔去。

在同事幾乎半強迫客人聽公司歷史的這段期間，我已經服務了好幾組客人。其中一個未問先道歉，說他在莎瑪麗丹關門整修前，於燈罩部門看上了一個裝飾藝術風格的燈罩，考慮了幾天，終於決定要買的時候，就從電視新聞看到莎瑪麗丹無預警關門的消息，而這一關就是十六年。這位當時可能正值盛年，如今卻已白髮蒼蒼的客人竟然還記得那個燈罩，並且希望能買到它！

「抱歉，我們已經沒有燈罩部門了。」

「我想也是。那麼照明部門怎麼走？」

「我們也沒有照明部門，事實上我們連電器部門都沒有。」

「啥？那你們還敢說『莎瑪麗丹什麼都賣』！」

「您說的是五十年前啊，先生。歡迎來到新的莎瑪麗丹！」

「莎瑪麗丹什麼都賣」是個揮之不去的魔咒，每天都有法國人拿這句話來跟我抱怨他們找不到這個或那個。與之前什麼都賣的莎瑪麗丹不同，新的莎瑪麗丹的面積只有關門前的五分之一，走的是奢侈路線，除了LVMH集團的品牌，能進來設櫃的都不是泛泛之輩。這樣的改變，當然會被為數不少的保守巴黎人所詬病，例如下面這位氣沖沖向我走來的巴黎老太太。如果讓我票選「地球上最不受歡迎的人」，我肯定會投票給這種老太太，她們是典型自以為是的天龍國巴黎人，覺得自己就是世界的中心，對所有人事物都能批判。

「太醜了，真的是太醜了！看你們把我的莎瑪麗丹改成什麼樣子？快把我的莎瑪麗丹還來！」老太太劈頭就直接對我這麼說。在法國，沒有先講「你好（Bonjour）」這個通關密語，就開始對人說話的法國人，真的是少之又少，通常這麼做會被認為擺明了要來挑釁或找碴。

「您好，太太，歡迎來到『新』莎瑪麗丹！」我特別強調「新」這個字，目的就是為了要提醒她莎瑪麗丹已經回不去了。「幸好您說的醜不是在指我。我為了新莎瑪麗丹讓您用『醜』這個字來形容而感到遺憾。但請容我提醒您，新莎瑪麗丹是百分之百以傳統工法修復的，就像我們對待所有歷史性建築一樣。如果您有興趣，YouTube 上可以找到許多關於莎瑪麗丹如何進行修復的影片，或許您看了也會跟我一樣發出讚嘆。」我其實知道老太太說的醜不是指建築，因為ＬＶＭＨ集團可是砸大錢，恢復了新藝術建築的昔日輝煌。

資本與社會正義共存之地

「可是阿諾把莎瑪麗丹變成有錢人才去得起的地方，真是噁心。」阿諾（Bernard Arnault）是ＬＶＭＨ集團的總裁，長年佔據世界首富排行榜的前三名。儘管我心裡覺得她對一個奢侈品集團最底層的員工講這樣的話有失禮貌，但也只能面帶微笑。

「事情不是如您想的那樣。您看目前這座被修復得如博物館的建築，是免費開放給所有人的。而且我們這裡還提供了社會住宅給弱勢的人呢！他們就住在這裡的樓上。」在新莎瑪麗丹規劃出社會住宅，是當初ＬＶＭＨ集團提出的改造計畫中，與巴黎市政府達成的協議，也符合法律規定，也就是「新建成的住宅必須有30％作為社會住宅。」

儘管莎瑪麗丹不是被改建成住宅，但因為有一部份被拿來改建成奢侈旅館，所以也被市政府要求必須提供社會住宅。於是，在新莎瑪麗丹裡，有弱勢家庭住進巴黎正市中心、百貨公司樓上、整套設備新穎的公寓，一個月的房租依個人與家庭收入而不同，最少只要五百歐元，是一般市價的三分之一。同時也有富人以昂貴的房價，入住這些弱勢者隔壁的奢華酒店，那是舊百貨公司沿著塞納河的裝飾藝術（Art Deco）風格建築所改建的，最貴的套房是一晚六萬歐元。除了令人羨慕的社會住宅，新莎瑪麗丹還提供了一間托兒所，不是為了幫來血拚的客人暫時照顧小孩，而是為了解決巴黎托兒所荒而提供的公共托兒所。

老太太聽到社會住宅與托兒所之後，仇富的心態似乎有被撫平一些，但她還是接著說：「希沃利街（Rue de Rivoli）那一棟全玻璃帷幕的怪物我不喜歡！」她說的是百貨公司拆除後整個重建的新建築。

即使我們建構一棟新建築的目的，並不是為了要取悅眼前這位老太太，但我還

由日本建築事務所 Sanaa 設計的莎瑪麗丹新棟，跟所有巴黎的新建築一樣，讓很多人喜愛也讓很多人討厭。

是面帶微笑跟她解釋建這棟新建築的原因。由於原建築有嚴重的安全顧慮，而且沒有被列為歷史性建築，所以我們在政府的允許之下打掉重建，並請來世界知名的日本建築事務所、妹島和世和西澤立衛兩人共同成立的 SANAA 來設計，他們於 2010 年獲得建築界最高榮譽普立茲克獎。

它如鏡子般映照對面的奧斯曼建築，是莎瑪麗丹創始人最初的心願，只是當時並沒有技術可以實現，如今我們以新科技把它蓋出來，很多人都來跟我說他們覺得很美。此外，它還是一棟環保建築，較高樓層被規劃成社會住宅。我知道很多巴黎人無法接受新的事物，例如造型奇特的龐畢度中心，建築師 Renzo Piano 和 Richard Rogers 把通常內藏於牆內的水電管線、甚至通風與輸送管全部刻意暴露在外，對很多人而言是建築史的傑作，可是至今仍被很多巴黎人嫌棄。「社會住宅」讓我眼前這位老太太啞口無言。然而，儘管不再一臉生氣，她還是跟我說不會再來了，但這不是我的問題。

以金字塔頂端為主要客群

一對年輕情侶接著走進來，男的問我 H&M 在哪裡，被告知我們並沒有 H&M 的專櫃之後，他問 ZARA 在哪裡，我回應：「我們也沒有 ZARA，『快時尚』我們都不賣。」

「那你們有什麼？」有些人就是懶得自己睜開眼睛看。

「我們有 FENDI、Balenciaga、Louis Vuitton、Dior、Prada、Burberry……」我把眼前看得到的品牌都一一唸給客人聽，但還沒唸完他就迅速道謝走了，把他一臉錯愕的女友留在原地，我擔心他們很快就會分手。

不過這個擔心並沒有維持很久，因為有一個冒雨走進店裡的紳士向我而來，他的外套肩上有被雨淋濕的痕跡。紳士神色匆忙，但還是很有禮貌地跟我打招呼，緊接著問我們有沒有賣傘。

「有的，就在我們旁邊的『東方快車』快閃店有一把非常精緻的雨傘。」我指著幾公尺外的專櫃。客人道謝之後走向雨傘，拿起雨傘端詳一番，臉上露出滿意的表情，接著他看了一眼價錢，立刻放下雨傘，義無反顧地走向出口，繼續去淋雨。我後來去看雨傘標價，等同於我一個月的房租……。

一個女客人只會講西班牙文，經過一番比手畫腳之後，我知道她要買一雙好走路的鞋，因為她竟然穿著一雙高跟的馬靴，逛到處都是石板路的巴黎老街！她拿手機翻譯給我看：「快給我一雙鞋，我走不動了！」我指引客人上四樓，那裡有一整層的女鞋。幾分鐘之後，我看到這位女客人穿著原來的鞋健步如飛奪門而出，應該是被四樓的鞋子價錢嚇得腳也好了。

在巴黎人欲訴還休、委婉地抱怨新莎瑪麗丹所販賣的奢侈品太貴的同時，已經有不少美國與亞洲和中東觀光客來向我要「比較低調」的紙袋，要用來裝他們剛買的名牌，以免走出去在路上引來不法之徒的覬覦。不論世界上窮人再怎麼多，奢侈品還是有它的市場，因為總是有消費金字塔頂端的富人會買，信用卡一刷，一瓶十五萬歐元的香水馬上入袋。

最美的畫面

就在我下班之前，一對互相攙扶著的同志伴侶，走來跟我分享他們參觀完新莎瑪麗丹之後的內心激動與喜悅。他們是莎瑪麗丹的舊員工，兩人是在公司認識的，如今看來兩人都至少八十歲。

「我比較晚被公司雇用，一進來就注意到他。但在我們那個年代什麼都比較慢，我是等到一個下雨天，才終於鼓起勇氣告訴自己機會來了。我下班的時候看到他沒撐傘，就主動過去跟他共撐一把傘，一直到今天我們仍然在一起。」其中一個老先生說著，眼神仍然充滿了愛意。

「後來同志婚姻法通過，我們就去登記結婚了，當時的心願就是能再回到莎瑪麗丹看看，等著等著我還以為我們看不到莎瑪麗丹開幕了。但今天還能再回到這裡看到它被修復得如此美麗，搭四個小時的火車也值得了。」另一個老先生這樣說，此時兩人眼眶已經噙著淚。

我問他們知不知道創辦人鄂赫涅斯特在紅雨傘下賣布起家的故事，「當然知道啊，雨傘可是很有用的東西呢！」兩位老先生從頭到尾都攙扶著對方的景象，是我這一天見到的最美畫面。

一切，都是最好的安排

莎瑪麗丹乘載著很多歷史，並且也將製造更多的故事。身為它的一員，儘管我的工作常常要面對客人的負面情緒，卻也讓我學到了客訴與工作上的負面能量都不是針對我而來，只要我耐心、誠意地尋找解決的辦法，通常都能化險為夷，而且我也常常接到讚美。儘管客人讚美的是壯觀的新藝術建築，我聽了也很開心。然

可以俯瞰塞納河的陽台，景色無敵，如今必須消費才能享用了。

後，就像雨過天晴的今天，我下班之後就到隔壁白馬酒店（Hôtel Cheval Blanc）的頂樓喝一杯，俯瞰塞納河的無敵美景。我不會感嘆「這就是人生」，而是會打從心裡覺得「一切，都是最好的安排」。

巴黎的誘惑

陳碩文

「他們書寫的既是法國、也是巴黎、更是自己。如同異鄉人總是能在異地望見家鄉，儘管又覺得此地已經有如故土。」

文字凝成的花都巴黎

1912年一日清晨，一列火車吞吐著白霧緩緩駛進巴黎，幾束光線從車站的玻璃穹頂斜射而入，灰塵在陽光裡迴旋起舞。車還未停穩，車廂裡的乘客已經爭先恐後拿下自己的行李，魚貫而出，奔赴目的地。只有一名穿著長袍的東方青年低伏在座位上，背脊一聳一搭，愁眉苦臉，不發一語。

> 巴黎如此的可怕！而我又是初次到此，法語操得極不自然，身入重圍，荊天棘地，如何是好？幸虧當時我還沒有看過亞森路賓，否則恐怕性命也急得沒有了，這真是不幸中的大幸呀！

數年後，他在遊記中這麼說。

那人是宋春舫（1892-1938），當時他第一次抵達花都巴黎。

現今讀者可能對宋春舫並不熟悉，然而，宋春舫不但是著名作家、譯者，也是中國現代戲劇的先驅。上個世紀初，他用中文、法文寫下的盛世首都巴黎觀察，至今仍為不少人津津樂道。

是的，自古以來，早有無數文人墨客與巴黎產生難以磨滅的文字情緣，如同法國學者卡薩諾瓦（Pascale Cassanova）所言，巴黎可說是當時世界文學共和國的首都，座落著一片片植滿奇花異草的文學花園，吸引各地作家造訪，蒔植芬芳。帕特里斯．伊戈內（Patrice Higonnet）更分析了各國文人作家對這座城市無休無止的謳歌，如何凝成了世人對於魔幻之都巴黎的集體記憶，使巴黎逐漸成為一文化符號。巴黎，是地理意義上的巴黎，卻也是文學的巴黎，是一個透過書寫、想像形塑而成的空間，複雜、多元，以至於任何城市都不像他一般那樣現實，但又超越現實。

「書寫巴黎」一事實歷史久遠，其中，最出名的當屬法國文學巨匠巴爾札克（Honoré de Balzac, 1799-1850）的《人間喜劇》（*La Comédie Humaine*），以長篇畫卷勾勒了法國大革命後王政復辟時期的巴黎，描繪著無數才華洋溢、抱負遠大的外省青年在其中沉淪的輓歌，預演著往後百年多來巴黎狂想曲的主流旋律——誘惑、慾望與幻滅。

19世紀的巴黎固然是慾望之都，但大部分街區仍然老舊骯髒，蜿蜒曲折，因此也成為愛倫．坡（Edgar Allan Poe, 1809-1849）《莫格街凶殺案》（*The Murders in the Rue Morgue*）一樁樁神秘案件的重要背景。直到法蘭西第二帝國滅亡後，巴黎方在奧斯曼（Baron Georges-Eugène Haussmann, 1809-1891）大刀闊斧地指揮下，華麗變身，從此享有了「現代之都」的美名，亦是班雅明（Walter Benjamin, 1892-1940）筆下十九世紀的首都。此時的巴黎，時髦商店林立，人群摩肩接踵，街道上人來人往，「無名的人群！混沌一片！那些聲音、眼睛和腳步。誰也不曾見過誰，誰也不認識誰。」雨果（Victor Hugo,1802-1885）如是寫道。

而徘徊街頭，詩人觸目無非是「光、塵埃、叫喊、歡樂和喧嘩」，波德萊爾（Charles Baudelaire, 1821-1867）於是說到：「舊巴黎已面目全非（城市的樣子／比人心變得更快，真是令人悲傷），我的親切的回憶比岩石還要沈重。」現代巴黎，更是杜斯妥耶夫斯基（Fyodor Dostoyevsky, 1821-1881）所謂聖經中巴比倫式的都市，召喚著毀滅；福樓拜（Gustave Flaubert, 1821-1880）認為它「十分可厭」，令人精神散落、「變得愚蠢」。

歡迎來到世界文學共和國首都

然而，巴黎卻也逐漸搖身一變，成為世界文學、藝術的中心，雲集了來自各地的文藝家，激盪迴響著各式各樣的文學思潮。莫尼埃（Adrienne Monnier, 1892-1955）的「書友之家」（La Maison des Amis des Livres），聚集了紀德（André Gide, 1869-1951）、克羅岱爾（Paul Claudel, 1868-1955）、布列東（André Breton，1896-1966）和阿波利奈（Guillaume Apollinaire, 1880-1918）。它對面的莎士比亞

書店（Shakespeare and Company Bookshop），則圍攏了龐德（Ezra Pound, 1885-1972）、海明威（Ernest Miller Hemingway, 1899-1961）、喬伊斯（James Joyce, 1882-1941）和費滋傑羅（F. Scott Fitzgerald, 1896-1940）。當年的文藝盛況，至今仍吸引著無數讀者、書友徜徉巴黎街頭，幻想親炙一場「午夜巴黎」（Midnight in Paris）之旅。

在此以文字織就一張勾畫世界文學首都的魔毯，重現一場巴黎旅行的行列中，中國作家也沒有缺席。最早的一批書寫者，當為出使西洋的晚清公使。在他們的筆下，巴黎以具華麗建築及豐富文化的西歐名城形象登場，不論是斌椿（1804-1871）的《乘槎筆記》、張德彝（1847-1918）的《航海述奇》、郭嵩燾（1818-1891）《倫敦與巴黎日記》，總戮力描繪巴黎的文明之盛。此後又有流亡海外的維新人士，如康有為（1858-1927）、梁啟超（1873-1929），記下了巴黎繁華、富強的形象。而袁祖志（1827-1899）、王韜（1828-1897）等人，在上海出版的報刊上書寫法國遊蹤，也引起極大迴響。王韜如此描寫巴黎咖啡館：「男女嘲笑戲狎，滿室春生，鮮有因而口角者，桑間濮上，贈芍采蘭，固足見風俗之淫佚。」其「風俗淫佚」，及「殆無與儷」的形象，更成功營造了中國讀者對巴黎乃一「浪漫花都」的無盡想像。

時序來到二十世紀初期，當五四新文化運動及「民主」、「科學」思潮，蔚成文壇主流之際，巴黎也屢屢躍上《新青年》版面，被譽為「科學文藝之淵藪」。1919年後，不少中國學子赴法「勤工儉學」，其遊記遂形成另一波書寫巴黎、法國的高峰。他們或稱法人最是「sentimental」（多情的）民族，頗具愛美之能力；或稱巴黎為各色各國人聚集的自由花都，令人愛慕。

比方周太玄（1895-1968）在〈初秋的巴黎〉一文中，以感性的筆觸、浪漫的口吻，形象化地描述了他在拉丁區索邦大學、盧森堡公園及咖啡館生活遊走的情景。而李思純（1893-1960）則稱道法國是而今世界美術的中心，「巴黎的博物館如Louvre（羅浮宮）和Luxembourg（盧森堡公園）裡面，許多的男女，抱著美術史，進去作考訂生涯的，和帶著畫板，作臨摹生涯的，都可以表現法國人藝術美的普遍化。」、「我愛這文藝思想薰陶出來的國民性，我愛這輕暖明媚的南歐氣候風物。」

他們的文字無不帶給後人許多對巴黎的美麗幻想。此外，巴黎也刺激海外遊子滋生出不少回首故土的感慨：「中國是四千年『精華既竭，糟粕斯存』的老年民族，現在想應該到了蛻變的時候了。」對當時旅法的中國文人來說，巴黎一時繁華無二，更有如一面多稜鏡，映照出他們對「少年中國」無數的未來想像。

波希米亞與流浪者之歌

不僅如此，中國現代文人的巴黎書寫，還時常圍繞著兩個主題：波希米亞

李思純念念不忘的巴黎博物館，世界美術之中心。

氛圍，以及孤獨寂寞的都會靈魂。

比方說，徐志摩的〈巴黎的鱗爪〉：

咳巴黎！到過巴黎的一定不會再希罕天堂；嘗過巴黎的，老實說，連地獄都不想去了。整個的巴黎就像是一床野鴨絨的墊褥，襯得你通體舒泰，硬骨頭都給熏酥了——有時許太熱一些。那也不礙事，只要你受得住。讚美是多餘的，正如讚美天堂是多餘的；咒詛也是多餘的，正如咒詛地獄是多餘的。

在此文中，徐志摩還刻畫了兩個令他印象深刻的巴黎人，咖啡館裡滄桑有韻的女人，和「波希民」藝術家。他這樣描寫波希米亞人：

我在巴黎時常去看一個朋友，他是一個畫家，住在一條老聞著魚腥的小街底頭一所老屋子的頂上一個A字式的尖閣裏，光線暗慘得怕人，白天就靠兩塊日光胰子大小的玻璃窗給裝裝幌……屋子破更算什麼？波希民的生活就是這樣。

是的，巴黎藝術家不羈的波希米亞生活，也是當時其他旅法文人精心描寫、樂此不疲的主題。比如在〈藝術家聚集的巴黎孟拍那斯〉一文中，作者特別介紹以祁士林（Moise Kisling, 1891-1953）為首的巴黎畫派現代畫家，在咖啡店聚會的情形，這些藝術家包括蘇汀（Chaim Soutine, 1893-1943）、夏卡爾（Marc Chagall, 1887-1985）、巴粲（Jules Pascin, 1885-1930），他們身邊圍繞著許多模特兒、藝術評論家，口若懸河、談文論藝。戴望舒在《現代》上發表的〈巴黎藝文閑話〉中，也對當時巴黎的文藝活動提供了更具體的細節資訊，他以「大大主義」（Dadaisme）和超現實主義（Surréalisme），概括了當時巴黎文藝界的主流，並用「地下鐵道、立體派的圖畫、打字機、布爾什維克主義、足球、拳術、留聲機、五彩照片、電影、龐大的廣告牌、夜總會、古加音、絲襪、安全剃刀、空頭支票……」等一連串的名詞來描繪巴黎的文藝空氣，形容它有如「cocktail」（雞尾酒）一般豐富多變。

然而，巴黎雖自由、多彩，也時常被中國現代文人描述為傷心地。比方說李金髮（1900-1976）跟王獨清（1898-1940）詩歌中的巴黎，總帶有幾絲頹廢流浪的氣息。李金髮在《微雨》中，如是描述聖母院高聳尖塔如死神的手：「巴黎亦枯瘦了，可望見之寺塔悉高插空際。如死神之手，Seine河（塞納河）之水，奔騰在門下，泛著無數人屍與牲畜，擺渡的人，亦張惶而走。」（〈寒夜之幻覺〉）；而盧森堡公園，則充滿了歎息跟眼淚：「存留著詩人之歎息，少年之愛慕，與逃遁者之眼淚，長與鐘聲而諧和也。」（〈盧森堡公園（重返巴黎）〉）。在〈巴黎之囈語〉中，他刻畫燈紅酒綠的巴黎夜生活，但其中充滿了腐臭：「地窖裏之黴腐氣，爛醉了一切遊客！」都會的黯黑處存在著不幸的人們，比如那些「將因勞作而曲其膝骨，得來之飲食，全為人之剩餘」的工人（〈街頭之青年二人〉），在風雨大作的晚上被寒夜凍僵的「殘廢之乞丐」（〈詩人凝視……〉），或是那些「頹敗的牧人」、「不得志的歌人」、「找不到去路」的失業者們（〈幽

李金髮詩歌中的巴黎，連公園裡都充滿了嘆息與眼淚。

怨〉），以及站立在冷清的大街上，唱著情歌的「街頭音樂家」（〈musicien de rues 之歌〉）。

李金髮筆下的巴黎，是熱鬧的，也是寒冷的；年僅二十出頭的他，刻苦地獨居巴黎習畫，生活困苦，心情孤寂，更覺生活虛妄。他這樣說：「我背負了祖宗之重負，裹足遠走，呵，簡約之旅行者，終倒在睡路側。在永續之惡夢裏流著汗，向完全之不識處飛騰，如向空之金矢。」（〈我背負了……〉）。作為一個旅居他鄉的人，他時時產生一種流浪漢般的情感體驗，總以為自己「永遠在地殼上顛沛」（〈因為他是來慣了〉）、「我全是沈悶，靜寂，排列在空間之隙」（〈遠方〉）、「我覺得孤寂的只是我」（〈幻想〉）。

王獨清《聖母像前》中，亦有著這般刻畫巴黎異鄉人寂寥情懷的文字，如〈我漂泊在巴黎街上〉：「我漂泊在巴黎街上，踐著夕陽淺淡的黃光。但是沒有一個人知道，我心中很難治的痛瘡。」詩人在巴黎的生活情緒是頹廢、哀愁的，青春和生命的流逝，使他心中充滿了流浪人的孤獨和感傷。他在〈我從 café 中出來〉這麼說：

「身上添了中酒的疲乏，我不知道向哪一處走去，才是我底暫時的住家……啊，冷靜的街衢，黃昏，細雨！」川流不息的塞納河，更被詩人看作是罪惡之河，滿載著都市人精神的創痛與憂鬱。

中國文人的法國浪遊

除了感傷憂鬱以外，也有些中國現代文人回憶自己的法國浪遊，頗具浪漫色彩。

如以「性學博士」的稱號聞名的張競生（1888-1970）筆下的巴黎，總離不了咖啡店、藝術家與女子。他在〈女店員與我〉裡，對巴黎的女店員念念不忘。〈法國獵豔〉裡介紹法國人如何在街上搭訕美女；〈懷念情人〉一文中，他回憶起自己在如詩如畫的法國鄉野中，和一名初結識的法國女子結伴冶遊，在飯館飲了極濃厚芬芳的咖啡後，各抽上一根好的埃及煙，一同攜手散步於野花園的叢林中的情景；而當他描寫在里昂攻讀學位的過去時，更不忘提及他與一位嬌小的瑞士少女的精神戀愛。

徐仲年（1904-1981）回憶自己法國生活的《彼美人兮》一書中，也描寫了一段知識淵博、世故文雅的中國青年在法國的戀曲。小說一開始，主角宗書城在火車上，邂逅了一位「荳蔻稍頭二月初」般美貌的法國女子，滿心期待與她同遊歐洲。盛成（1899-1996）的〈憶文蓓〉一文，亦專寫「我」與女友文蓓，前往安納西湖（Lac d'Annecy）附近度暑假的日子。「我」是一位流浪各國、學識豐富的詩人，能與文蓓用拉丁語聊《神曲》，對法國文學也知之甚詳，邊遊湖還邊回想起自己過往歲月中的美好異國戀曲，及拉馬丁（Alphonse de Lamartine, 1790-1869）筆下的湖畔之戀。王獨清也有一篇名為〈三年以後〉的作品，與魏爾崙（Paul Verlaine,1844-1896）著名的小詩〈三年以後〉（Après trois ans）不但在題目上相似，連主題都十分相像。「我」，一個儒雅溫文的中國詩

王獨清詩歌中描述的黃昏街衢與巴黎咖啡館。

人，浪遊到法國南部，寄居在一好心的農家中。這戶人家裡有個憂愁的女兒瑪格麗特，每晚伴著詩人讀書，或彈奏浪漫的歌曲。詩人離開小村三年後，回到農村再見少女，她卻已心有所屬，詩人因而懷抱著悵然若失的心情，踏上離程。

在上述回憶小品中，作家多以第一人稱敘事者的角度，引用浪漫主義文學經典，向中國讀者緬懷一段昔日戀情。他們對法國浪漫主義文學作品的重新詮釋，不但使得拉馬丁、魏爾崙的名字有如咒語密碼，將法國召喚來到眼前；也將法國、巴黎變成一個符碼，形構著中國讀者對法國「浪漫」與「情調」的感知。

總之，中國現代文人回憶、書寫及銘誌的法國也好，巴黎也罷，總是漂泊、浪漫、富含文藝氣息，也是文明極盛之地。然而，這是他們回憶與書寫中的異國他者，僅僅呈現了一種面貌，卻又不是其全貌。更重要的是，如同克里斯．彭吉（Chris Bongie）所云，通過窺探，書寫與緬懷異地，文學家標誌著他者，同時也呈現了自我的情感投射。也就是說，作家對於異國的感性描繪，乃以其主觀情志，賦予空間意義，當然不盡然忠實再現了一地一事，更多地是表達了作家對現存狀態的反思，也進一步完成了自我實踐。

書寫異鄉，凝視自我

是的，由此，法國、巴黎，更像是當時中國現代文人思考自我時的鏡像；他們的迷戀，亦夾帶著自我凝視的目光。他們回憶中的他者，既偉大又脆弱，既華麗又淒冷，既自由又苦痛，既多情又孤獨，如同雨果的描述：

你是雙重的，你由兩個造物組成，一個易腐，另一個不朽；一個是肉體，另一個虛無縹緲；一個被慾望、需求和激情束縛，另一個在熱情和遐想的翅膀上誕生；一個總是俯向地球，它的母親，另一個總是躍向天堂，它的家園。

於是，或許我們可以這麼說，他們書寫的既是法國、也是巴黎、更是自己。如同異鄉人總是能在異地望見家鄉，儘管又覺得此地已經有如故土。

因此，雖然這片國度總是讓人傷心，仍有如此多的人要高聲說道：「去旅行吧！」波德萊爾說得好：「趁我們頭腦發熱，我們要不顧一切，／跳進深淵的深處，管他天堂和地獄，／跳進未知之國的深部去獵獲新奇！」（〈旅行〉）「變成自己的鏡子的心，／這就是明與暗的相對！」（〈不可補救者〉）。法國也好、巴黎也罷，不正是那高懸明鏡的光之城嗎？它不只永遠在地圖一角召喚著勇敢的旅人，也總在文學扉頁中引誘著好奇心無窮的青年，通過文字展翅飛翔，穿越高山、海洋，無畏地抵達夢想之城，書寫屬於自己的異國故事；也不斷鼓舞著無數對夢想好奇的青年，向下一站、也向著自己內心深處，揚帆啟航。這或許就是異國的終極誘惑，也是文字魔法的無窮魅力。

李金髮筆下的「Seine河之水」上，連「擺渡的人，亦張惶而走」。

見微法國

從童書看法國社會

葉俊良

「小路卡和馬當從小講道地的法語，父母也正派體面，但同學們卻對他們另眼相看。人們不帶惡意地把他們和功夫、熊貓、書法以及筷子聯想在一起，但這更戳到其內心痛處，因為那個遙遠的亞洲從來不是他們生活的一部分。」

我與合夥人黎雅格先生於 2007 年在法國登記成立鴻飛文化，出版原創童書繪本。在成立出版社之前，我在巴黎維爾曼建築學院取得學位，也與一位法國建築師一起工作過。而在來法國學習建築之前，我在台灣出生、求學、長大。所以我是一個來自台灣、擁有建築專業、與法國人一起創作童書的編輯。

出版社成立初期，我們經常到處奔波參加書展，以便打開銷售通路，也有協會邀請我和學童互動。這一年秋天，我從巴黎搭高鐵來到普羅旺斯的維洛小城，抵達時有志工來車站接送並下榻雅緻旅館，不僅交通食宿費用全包，還有鐘點費可以領，對喜歡旅行的我來說，簡直是有工作許可的度假模式。

我在課堂上和小朋友分享幾個小故事，並在下課前寫些漢字送他們。這時候同學們不約而同把一個男孩推到我面前，我在一張卡片上寫下他的名字「路卡」，他露出靦腆的笑容收下了。

隔天周六，小朋友帶著父母來小書展買書，幾個受邀的作者都出席簽書。路卡來和我打招呼，陪在一旁的媽媽笑著說兒子堅持她一定要來。我仔細簽好小男孩選的兩本書之後，他湊上來親了我的臉頰說再見。我望著他和母親的背影離去，在心裏默默地獻上祝福。路卡有著亞洲孩子的俊秀五官。

七個秋天過後，鴻飛書目多了六十種書，我來到法國中部布里夫城（Brive-la-Gaillarde）參加一年一度的盛大書展。攤位前來了一個剛上國中的男孩馬當。如果重新遇見路卡，他應該也是長這麼大了吧？馬當的爸爸和媽媽因孩子選的繪本適讀年齡明顯低於他的實際年齡，感到有些疑惑，問我意見。那是朱成梁老師繪寫的《火焰》（Flamme），講機智的狐狸媽媽如何想辦法解救被獵人捕獲的小狐狸。

他們的故事為何？我無從得知，只是面對眼前有著亞洲面孔的沉默的馬當，內心湧起不小的波瀾。有些亞洲孩子被法國家庭領養，受到父母全心照顧養育，但原本應該美好的人生路卻佈滿了無人了解的辛酸。

作為童書出版人，我能從中得到什麼啟發？

當日本貓遇見法國人

童書繪本篇幅短，使用字彙範圍有限，是圖文密度很高的文類，在創作和編輯的過程中有很多需要掌握的細節。如此精心打造的童書做好後，首先得經過成人「認證」，接下來才會受到推薦，最後到達兒童的手上。有些書的圖文明明很出色，但由於它承載的價值觀和世界觀與法國社會有較大的差距，導讀者不理解也不認同，即使認同了也不覺得有和小朋友分享的必要。

台灣的出版社長年引進歐美日經典繪本，很多讀者遂以為好書能行遍天下，但那是一種錯覺。佐野洋子在1977年繪寫的《活了一百萬次的貓》便是個鮮明的例子。故事主角虎斑貓先後和國王、水手、小偷、小姑娘生活過，但他們只會帶著貓做自己喜歡做的事。至於貓愛什麼，討厭什麼，他們好像不清楚也不在乎。在這情況下，「貓不在乎自己死了」實在不足為奇。當貓不再有主人，成了野貓，眾多貓小姐為了取悅他，主動送上他可能會喜歡的東西，這讓他的存在與之前的九十九萬九千九百九十九個生命有所不同了。然後他遇見白貓，從此有了取悅與渴望的對象。當他們都老了，白貓安安靜靜地死去，虎斑貓第一次哭了，死去後也不再活過來。

這本書在日本和中國都大受歡迎，因為它感動了千千萬萬讀者心裏的那個小孩。作為出版人，我們很自然地考慮與讀者分享這個笑中帶淚的故事，這時候我們發現，它曾經在2009年被引進法語市場，已經絕版且沒有留下任何專業點評與推薦的痕跡，只有零星幾篇讀

《活了一百萬次的貓》中文版封面（步步出版），圖文／佐野洋子，（原）日本講談社出版。

者的讀後感，少數讀者很喜歡，但不確定可以把它歸類為童書。

這種跨文化閱讀體驗的落差，是我了解法國人、認識自己的秘密通道。我發現書前半段那隻沒心沒肺、厭世的虎斑貓是我，後半段那隻懂得惜福的虎斑貓也是我。但這個很多亞洲人都有的、從青澀到成熟的生命體驗並非法國人茶餘飯後樂於討論的話題，作為童書主題更顯得不「合宜」。

當然，善於歸納生命歷程與思考人生意義的法國人並非不存在，但不管是天主教傳統，還是社會全面世俗化之後盛行的個人主義，都主張人只能來塵世走一遭，投胎輪迴的概念和前生來世的譬喻都顯得難以捉摸。從這個角度看，《活了一百萬次的貓》感動不了法國人是很可惜但也是可以理解的事。

《友子的故事》，文 / Delphine Roux，圖 / Pascale Moteki，法國鴻飛文化出版。

法國人之間也會雞同鴨講

《友子的故事》是鴻飛於2020年出版的原創繪本。友子的阿姨送她一個特別的生日禮物——一尊可愛的木芥子。這個傳統木偶成了小女孩形影不離的好朋友。一天，友子和媽媽上菜市場時，遇到西北雨，兩人匆匆忙忙跑到茶屋躲雨。友子把手伸進袋子把木芥子拿出來分享茶點，卻驚覺木芥子丟了。她往外衝到馬路上遍尋不著，感到萬分失落。在學校教陶藝的寺本先生安慰友子：「有些物件，比如說茶碗，會有不同的手、不同的人去愛惜它。拾到你的木芥子的人，會和你一樣好好照顧它的。」

時光荏苒，長大後的友子成了陶藝師。有一天她去城裡為客戶遞送茶具，在街上遛躂時經過餅店。啊，怎麼會……，兒時遺失的木芥子竟然在櫥窗裡向她微笑。她問老闆木芥子來自何處。原來多年前老闆娘在一個下雨的市場邊撿到它並思量著：「既然生命把它擺到我的路上，我就好好照顧它。」妻子過世後，老闆把木芥子擺在櫥窗裏，好像她不曾離開一樣。友子紅了眼眶說：「您的夫人是好心腸的人。」並買了三個抹茶餅，老闆多送給她兩顆小麻糬。

《友子的故事》內頁。

丟失最心愛的玩具和玩伴，對小孩子來說是天大的災難。當今法國社會有高度世俗化、不談精神生活與崇尚個人意志的特性，對於包括親人死亡等不經自己選擇而降臨的事件，較少理解和化解的良方。這故事有意思的地方在於：不僅友子在沒有準備的情況下與木芥子分開，老闆娘也在沒有準備的情況下讓木芥子走進她的生命。這不禁讓我想起聖艾修伯里（Antoine de Saint-Exupéry）筆下的小王子和玫瑰。

是不是所有人事物都必須要自己擇定，才有價值、才值得珍惜？但並非生命裡每一件事都能由我們主導，否則也不會有一見鍾情的浪漫了。不是經由自己選擇的人事物，是否也能給我們人生帶來滋養和啟發？東方哲學給看似無關的偶發事件留下了理解的可能：它們之間的聯繫並不因為我們看不見就不存在。俗話說「冥冥之中」，那個存而不論的聯繫，是所謂的「緣」。這個詞法語詞典裡找不到，卻被《友子的故事》作者戴爾芬用一個故事貼切地演繹出來了。「命運」這個字法文倒確定是有的，但現代人不知道怎麼用它，好像用了它便是承認人不能主宰一切，是示弱的表現。

作者戴爾芬用字精確而不花俏，有一種樸實的美。一連串具體的情境，不用形容詞便能讓讀者的情緒跟隨友子的憂喜而起伏。插畫家帕絲卡像攝影記者一樣，四兩撥千斤向人心幽微處取景，帶回來的畫面讓人過目不忘。友子和媽媽在茶屋躲雨、興高采烈地聊天時，渾然不知木芥子已經遺失。穿和服的女人奉茶並面帶微笑華麗走過，有如命運一般神秘……。

法國電視周刊《Télérama》一年52期，每一期介紹一本童書，可以是漫畫、也可能是小說或繪本。我們很高興《友子的故事》在法國一年八萬本新書中，脫穎而出，受到記者關注並推薦，但是這位資深記者的用詞，所顯現的讀者觀點很值得玩味。她形容這是一個日本童話（conte），木芥子被類比為一個有魔法的護身符（grigri），是個既現代又魔幻（surnaturel）的故事。

這個讀法和作者觀點有一些出入：友子的故事是法國作者的原創，其內容和結構亦有別於童話。它沒有超自然的魔法，很可以發生在法國金髮碧眼的小露易絲或妮娜身上。如果記者認為這繪本值得點評，她的理由為何會和原作意圖有如此大的差別？

循著這個線索，我和合夥人發現點評完全沒有提及若干細節：送木芥子給友子的阿姨、教陶藝的寺本先生、烘焙店主人和他的妻子……書評對這些人物隻字未提，好像人們的關愛與慈悲和故事情節的推演完全無關，故事不可思議的成分全被歸納到神奇的木芥子身上。但，故事結束時，從烘焙店走出來的友子臉上之所以會泛著幸福的光采，難道不是這些有緣人的善意所造就的嗎？而木芥子，只是一個讓善意得以生發與傳遞的媒介。

在鴻飛編輯出版的過程中，跨文化作品特別容易折射出身處不同文化圈的作者和讀者各自觀點的差異，但即使作者和讀者身處同一個文化，這並不表示兩者的觀點就一定相同。記者確確實實受友子的故事感動，但「善意循環」的觀念不在她的可見光譜裏，只好把木芥子拿來當作替身，來解釋這故事裏超越物質存在的面向。

連本國作家繪寫的故事都不一定為當地讀者所了解，可見在法國做童書出版不是成天在玫瑰花園喝咖啡那麼寫意浪漫。跨文化創作不是口號，也無關獎項的光環。它是一門修行，一份實踐，一個開闢相互了解路徑的祝願。

對他者的想像

台灣安定富足的源頭，除了產業創新便是國際貿易，數十年來為打破國際社會孤立的努力也幾乎成了國民的DNA。在這個歷史脈絡下，外來的信息、知識和連結，代表了值得關注和開發的資源。如果進一步往前追溯，「有朋自遠方來，不亦悅乎」亦是實實在在的文化底蘊。法國的歷史地理得天獨厚，經濟和文化氛圍吸引來自世界各地的人一展身手。當你不需要走出去、世界就主動來到你跟前時，地主之誼（hospitalité）似乎難以形成一種生活哲學。不諳外語的國民多透過精英階層的濾鏡來接觸廣大的世界，包括上述電視周刊記者。在這個文化本位主義的大環境之下，一般法國人對來自他方的外國人並不特別感興趣。

鴻飛成立三年時，受附近一家公立圖書館邀請展出圖書和原畫。距導覽開始還有十分鐘時，我們發現書目被忘在辦公室，合夥人開車回去拿來給來賓取閱。雖然說好由我開始做介紹，圖書館館長還是不由自主地一臉緊張。我平時不多話但好歹也是建築學院畢業，為作品答辯的經驗並沒有少過。同一天，容易緊張的館長把我介紹成合夥人的助手，她發現自己失言後又急忙道歉。其實，這些尷尬的情境很少發生，即使發生了我們也會幫對方緩頰，但它確實反映了法國人對他者相當受限的想像力，尤其是在較少有外國人的圖書出版業。

幾天過後，我受邀去法國南部一座位於核電工業重鎮的小城參加書展。從火車站到會場需要搭一段計程車。司機先生看我來自亞洲，問我是不是核電工程師。當他知道我在巴黎建築學院畢業，原本冰冷的語調立刻溫暖起來，並問我建築專業出路好不好，因為他的孩子似乎對建築設計感興趣。在那一刻，我對他的意義不再只是外邦人，而是可以幫助他兒子選擇人生道路的過來人。是他，以及其他數不清的法國人，日積月累，把我變成他們的一份子。

同質精英強勢領導的開放社會

我不是社會學家，無法透過大數據或田野調查來驗證假設、做結論。但是移居法國多年來，尤其是成立出版社之後因工作需要跑遍法國大城小鎮，我所接觸到的一個個具體的人為我拼湊出法國社會的樣貌。掌握法國社會脈動固然屬於出版專業的一部分，卻也讓我在人格修養和圓熟過程能持續成長學習。

我曾和國小高年級學童分享鄒駿昇的作品《禮物》。課堂上，金髮碧眼的麗露有問必答，就像電影《魯冰花》那一句經典台詞：「有錢人的小孩子什麼都比較會」。下課後她主動找我聊天，我也聽她分享嗜好與興趣。然後我問她：「你的生活真有趣！誰和你一起做這些事？」麗露沉默了一下回答說：「都是我自己一個人。我哥哥比我大十歲。」

有著亞洲人面孔的小路卡和馬當從小講道地的法語，父母也正派體面，但同學們卻對他們另眼相看。人們不帶惡意地把他們和功夫、熊貓、書法以及筷子聯想在一起，但這更戳到其內心痛處，因為那個遙遠的亞洲從來不是他們生活的一部分。然後，某一天，一個華人作者來到小路卡的教室，代替老師站上講台；一本圖畫故事書裏和孩子分開的狐狸媽媽讓馬當照見自己的處境，想起從未謀面的母親。

《火焰》法文版封面，圖文 / 朱成梁，（原）中國蒲蒲蘭出版。

生命有許多無奈和遺憾，幸而文學和藝術幫助我們昇華超脫，用悲憫的胸懷看人間世情。但是，社會風氣的閉鎖與開放也在很大程度上決定了人們一生過得春風得意還是鬱鬱寡歡。從法國大革命到十九世紀末花都巴黎，從艾菲爾鐵塔到同年開幕的紅磨坊，世人想像不到的思想和性靈解放，法國人都領先做到了，所以把法國和開放社會畫上等號似乎是理所當然的事，但事實總是複雜一些。本文所述只及於我所遇過諸多情境的一小部份，希望對想了解法國社會的讀者有些許參考價值。

二十多年來全球化和網路社群，當然也對法國這個由同質精英強勢領導的開放社會帶來衝擊。以前被漠視的弱勢族群的聲音漸漸被聽見，其表達有溫和理性，也有誇大煽情，一些叛逆激進的論點反而激化了保守封閉的思維。面對小路卡、馬當、麗露以及其他更多的法國小朋友，我們期許鴻飛文化所出版的關於旅行、對未知的好奇與人我關係的故事，能陪伴他們為自己長長的一生尋找出路。

為什麼法國人這麼愛生小孩？！

劉君雅

「在台灣，我們認為養育孩子是家庭的責任；然而，在法國，孩童的成長則是國家的責任。」

筆者留法至今十餘年，長期關注有關人口與生育率等議題，由於法國在先進國家中一直保持著極高的生育率，因此這也是我當初來法國留學想研究的問題——為什麼法國人這麼愛生小孩？

當然，有一些根深蒂固的觀念，如認為法國的高生育率其實是來自移民，尤其是非洲和阿拉伯國家的貢獻。但這樣的說法，事實上並不完全正確。相關實證研究顯示[17]，外來移民的確提高了嬰兒的出生數量，但對法國生育率的提高，其影響微乎其微，主要原因在於移民人口僅佔法國總人口數的一成。

17 Pison, G., Héran, F., & Volant, S. (2020). La forte fécondité de la France est-elle due aux immigrées ? *HAL (Le Centre pour la Communication Scientifique Directe)*.

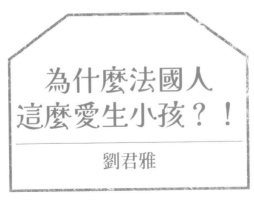

因此，筆者認為，法國政府一直以來的鼓勵生育政策，是法國維持高生育率的最主要原因，並可作為台灣面臨低生育率窘況的借鏡和參考。

上上下下都鼓勵生育的社會

首先，不得不承認，法國人真的很願意生小孩，一方面是社會氛圍的影響，另一方面則是家庭政策的支持，雙管齊下強化了生育的積極效果。在社會氛圍方面，法國人認為適育女性擁有孩子是很正常的事，不管她已婚與否，比較極端的想法，甚至會認為沒有孩子婦女的生命是「不完整的」。法國人口研究院2014年的報告[18]指出，在法國，多數情況為伴侶在同居生活幾年後，決定成為父母，自願不育或無子女的男女性，以及伴侶選擇不做父母的情況非常少。更準確地說，僅有5％的法國人不想有孩子。

因此，法國至今仍為先進國家中，少數擁有穩定生育率的國家；與法國相反，台灣則長年處於極低生育率的狀態（表1）。2021年，法國生育率為每名女性平均生育1.8個小孩（穩定人口的生育率應達2.1，而台灣生育率僅為1.07），和2000年時維持一樣的水準[19]，可見「多多生小孩」這件事在法國是一件再自然不過的事。筆者在大學教書時，曾做過調查，在一班約30人的19～20歲的學生中，六成家中有三個孩子，三成有兩個孩子，剩下的一成裡，僅有一位是獨生子，接著是一位有四個手足的學生，和一位家中有五個孩子的家庭。

時尚雜誌《美麗佳人》（Marie Claire）法文版曾刊出的一篇文章標題為〈沒有孩子的女性仍然需要為自己辯護嗎？〉（**Les femmes sans enfant doivent-elles encore se justifier ?**）。該文章的內容提及了許多我們習以為常女性不願生育的原因，諸如職涯發展的受限、養育孩子的辛苦等等。另一篇類似的文章標題為〈生孩子還是不生孩子：一個被評論了太久的人生選擇〉（**Avoir un enfant ou pas : un choix de vie**

18 Debest, C., Mazuy, M., & De L'enquête Fecond, É. (2014). Rester sans enfant : un choix de vie à contre-courant. *HAL (Le Centre pour la Communication Scientifique Directe)*.

19 Prioux, F. (2006). L'évolution démographique récente en France. *Population*, 61(4), 393.

表 1 台灣與主要國家近四十年生育率趨勢。（圖表來源：巴黎人口研究院 Institut nationale d'études démographiques，作者製表）

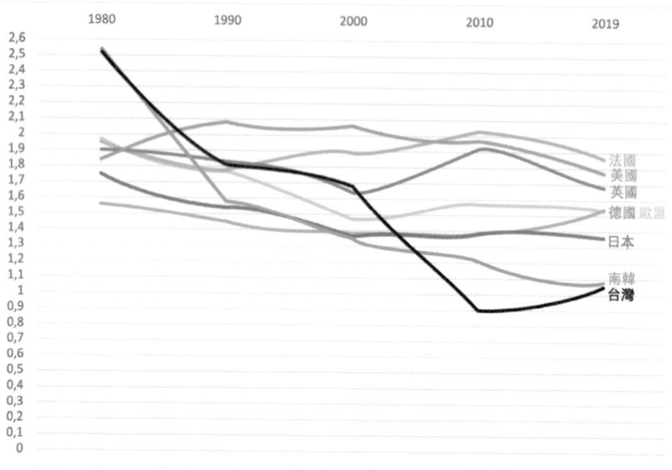

trop longtemps commenté），其內容主要討論，在現代人工生殖技術的發展下，解決了許多不孕的問題，卻還是有部分女性不願生育或成為母親。

單單看這兩個標題不禁令人感到驚訝，現代法國社會對於女性生育觀念仍是如此保守。反觀台灣，這樣的標題內容根本不會出現在雜誌內文中，因為「女性不願生育」這個問題對於我們而言，根本早已不存在於我們的意識中。然而，也就是在這樣兩種截然不同的思維下，造就了法國維持穩定生育率和台灣年年創紀錄極低生育率的落差。

除了社會氛圍的影響外，法國以社會主義為基礎所建立的家庭政策，也是另一個積極支持女性生育的重要影響因素。首先，「以孩子為本」是整個法國家庭政策的核心，其基本核心為無論父母的狀況是已婚、未婚、單親、非婚生、同性、領養，甚至是外國人，只要是居住在法國的孩子，都被一視同仁地對待和保障[20]。此外，在「利他互助（la solidarité）」概念下的「社會保護和團結政策（Les politiques de protection sociale et de solidarité）」，透過稅收、津貼、補助等方式盡力消除貧富階級差距，目的在使人人都能擁有基本的社會生活保障（圖 1）。因此，法國政府透過此兩大原則，設計出相關的社會福利和教育措施。

20 根據法國《社會保障法》第 L.512-1 條：「任何居住在法國的法國人或外國人，如果撫養一個或多個居住在法國的子女，其子女都可以有權利領取家庭津貼。」

圖 1 《社會保障：法國模式的發展方向為何？》法國里昂市政府 2020 年政策說明報告。

社會福利促成許多「多口之家」

法國的「以孩子為本」和「利他互助」為基礎的社會福利概念，透過「家庭津貼基金」（Caisse d'Allocations Familiales, CAF）的運作以及「家庭商數」（Le Quotient Familial, QF）的計算來有效落實福利政策（圖 2）。接下來，我將介紹法國家庭政策的具體內容與其影響。

1945 年建立的家庭津貼基金具有雙重的作用：

1. 支付相關的家庭或社會福利津貼；
2. 實施相關的社會服務措施。

目前在法國，家庭津貼基金每年支付超過 700 億歐元的福利津貼，共有 1250 萬人領取了至少一種的社會福利津貼[21]，這些福利津貼正是帶動法國女性生育意願的主要原因。而津貼的領取資格和支付金額，則取決於家庭商數的變化。基本上，家庭商數越低者，可獲得的福利補助越高。法國政府透過這樣的方式降低貧富差距的問題，這也是社會主義的另一特點。

圖 2 法國家庭津貼基金。（圖片來源：Bertrand, M (2022). RSA Prime d'activités, allocations familales… Le virement de la Caf sera-t-il moins élevé que prévu en août ? il est encore temps）

值得一提的是，家庭商數的計算，重點在考慮未成年的孩子數目，而不只是家庭收入。子女數目越多，可領取的福利津貼越高，並且排除了單身就業者。意即，沒有孩子的有薪家庭，或是單身就業者，基本上是申請不到任何的社會補助的，甚至他們還必須支付較高的稅款，可以說是變相的「單身歧視」。此外，家庭商數參考家庭關係的變化、職業及津貼的收入變化，隨時更新，讓津貼的發放更為及時且有效益。

21 Bruel, S (2023). Quelles sont les Aides de la Caf : Liste des aides pour les personnes seules, les familles, le logement, l'insertion profesionnelle, …*Aide-Sociale.fr*

家庭商數的計算公式為：

$$\frac{\text{（家戶每月的淨收入 + 每月的福利津貼）}}{\text{家戶規模}}$$

如前述所說，家戶規模的考量為未成年子女數量多寡，意思是說，有一個孩子的家庭規模為2.5單位（大人為1；孩子為0.5），二個孩子為3，而3個孩子為4（第三個孩子的單位為1），4個孩子為4.5；4個孩子以上的家庭，每增加一個孩子則多0.5的家庭規模單位；而若是扶養殘疾子女，則每位多0.5單位。許多福利措施皆參考了家庭商數，作為可領取福利津貼金額多寡的重要依據。從此計算公式可觀察到，若要獲得補助最大化則以「生育三名子女」為最佳解。因此，在法國往往可看到很多擁有三個子女的家庭，又普遍稱之為「多口之家（les familles nombreuses）」），可受惠許多公共服務措施（圖3）。

讓所有家長安心育兒的社會支持網

現在讓我們來看看在法國生小孩到底有多少福利補助。除了家庭津貼基金，法國政府針對兒童福利補助也相當多元。

法國政府針對兒童相關的福利補助共有六大方面，包括：

一、對有年幼子女父母的援助；
二、從小學到高等教育的教育援助；
三、提供父母休閒活動的援助；
四、對父母分居情況的援助；
五、對生病或殘疾孩子的援助；
六、對有經濟困難家庭的援助。

圖3「多口之家」福利卡。（圖片來源：https://www.ecologie.gouv.fr/lancement-nouvelle-carte-familles-nombreuses）

以下將針對前四項援助，即一般家庭可領取的福利情況做介紹。

●對有年幼子女父母的援助

首先，針對家庭有年幼子女的父母援助，從女性懷孕期間開始，至其生產期間，到孩子出生後，有一系列的福利補助可領取。

1. 產假（Le congé maternité）：產假是強制性的，針對生產第一和第二胎的職業婦女，要求停止工作16週（前6週為產前，後10週為產後）；而生育第三胎以上者，則有26週的產假（前8週為產前；後18週為產後）。換句話說，生育第三胎比生一、二胎者，多享有10週的產假。此外，若是一次生產多胞胎則產假加倍；懷雙胞胎者，有34週產假；三胞胎以上則有46週的產假。
2. 醫療假（Un congé pathologique）：孕婦在休產假前若有健康問題，可憑醫生證明申請醫療假，但不能連續休超過14天。此種休假可獲政府補助八成薪資（若為一般病假則僅有半薪補助）。

3.陪產假（Congé paternité）：新手父親有權享有25天的「陪產假」，若是多胞胎則有32天。此外，若是新生兒有住院的情況，新手父親則可以申請額外的30天的照護假。這裡特別強調一點，此新生兒的父親不見得必須是生父，而可以是與生母有婚姻或同居關係的人，當然也包括生母的同性伴侶。若是這樣的狀況，這意味著可以為同一個孩子請兩次陪產假，並獲得補助（生父和同性伴侶皆有資格申請）。

4.生育津貼（La prime à la naissance）：此津貼由家庭津貼基金（Caf）負責，為一次性發放，有排富條款（須調查家庭商數）。符合資格者，每個未出生的新生兒為1,003.97歐元，在產婦孕期的第七個月發放；若是為收養關係，則津貼加倍為2,007.95歐，在孩子到來的第二個月發放。

5.基本津貼（L'allocation de base）：此津貼發放給家中有三歲以下的孩子，或是有收養20歲以下的孩子。由家庭津貼基金負責，有排富條款（須調查家庭商數），符合條件資格者，可獲得每月182歐元的全額津貼；若是家庭收入高於標準，可以領取半額津貼，即91歐元。

6.家庭津貼（Les allocations familiales）：同樣由家庭津貼基金負責，旨在向至少有兩名以上未滿20歲子女的家庭提供經濟援助。此津貼沒有排富，然而，發放金額根據年齡、受扶養子女數和家庭收入而有所不同。此外，當有子女年滿14歲時，可再加領補充津貼（須當第二個孩子滿14歲後才開始適用）。此津貼每年都會被重新評估，以因應物價的變化。

以2023年為例，擁有2名子女的家庭，按家戶年收入的不同，分高、中、低三個所得級距，每個月高所得家庭可以獲得34.96歐（+17.48歐補充津貼）、中所得家庭69.92歐（+34.96歐）或低所得家庭139.84歐（+69.92歐）。因此，在最高可能領取的補助中，若同時有兩名14歲以上孩子的低所得家庭，則該家庭每月將可領139.84+69.92*2=279.68歐元。

在擁有3名子女的家庭中，每個月高所得家庭可以獲得79.75歐（+17.48歐補充津貼）、中所得家庭159.50歐（+34.96歐）或低所得家庭319歐（+69.92歐）。此外，針對第三個以及上的子女，還可另外領取家庭補充津貼（Complément familial），即每個月按不同所得標準，可再額外領取182歐元或273.03歐元。因此，在最高可能領取的補助中，若同時有三名14歲以上孩子的低所得家庭，再加上家庭補充津貼後，光養孩子每月就可領取高達319+(69.92*3)＋273.03=801.79歐元！

在擁有4名子女的家庭中，每個月高所得家庭可以獲得124.54歐（+17.48歐補充津貼）、中所得家庭249.08歐（+34.96歐）或低所得家庭498.16歐（+69.92歐）。而在家庭補充津貼上，四名子女的家庭和擁有三名子女所領取的津貼是一樣的。因此，在最高可能領取的補助中，若同時有四名14歲以上孩子的低所得家庭，每月將可領取高達319+(69.92*4)＋273.03=871.71歐元。因此，綜合評估下，生育三子女所領取的津貼是具有效益最大化的。

7.育嬰假（Congé parental）：育嬰假允許父母完全暫停或減少職業活動，來照顧孩子，也適用於收養關係。此假期可以在產假或陪產假結束後開始、在孩子三歲前的任何時候，或是收養關係後的三年內開始。在育嬰假期間政府提供半薪。育嬰假唯一資格標準，是申請者至少要在職滿一年。在滿足此條件下，無論何種形式的雇員（長期、定期、臨時、兼職、全職等）都有權享受育嬰假。育嬰假基本年限為一年，可申請延長。擁有一、二個子女者，在孩子三歲前或進入幼兒園前，最多可延長兩次，最長有三年的育嬰假。三名子女以上者，最晚在孩子六歲前，最多可以延長五次，最長可享有高達六年的育嬰假。

8. 自由選擇托育模式的補充津貼（Le complément du libre choix de Mode de Garde, CMG）：此補充津貼主要用於支付六歲以下孩童的部分育兒費用，包括雇用保母或托育中心費用，以利於父母重回職場。此補助金的金額，按照家戶所得分為三個級距，並且考量了雙親及單親情況。在雙親家庭下，高所得家庭裡每個未滿三歲的子女，可領取每月 188.52 歐元的托育補助；三到六歲為 94.26 歐元；中所得家庭為 314.24 歐元（三歲以下）和 157.14 歐元（三到六歲）；低所得家庭為 498.34 歐元（三歲以下）和 249.17 歐元（三到六歲）。若為單親家庭，高所得者裡每個未滿三歲的子女，可領取 245.07 歐元的托育補助；三到六歲為 122.53 歐元；中所得家庭為 408.51 歐元（三歲以下）和 204.28 歐元（三到六歲）；低所得家庭為 647.84 歐元（三歲以下）

和 323.92 歐元（三到六歲）。

9. 搬遷津貼（Prime de déménagement）：此津貼僅適用於家中有三名子女者（包括尚未出生的孩子），旨在協助「多口之家」能搬入更適宜孩子成長的大空間居住。此津貼根據實際的搬家事實發放，三子女之家能獲得 1054.01 歐元，而每增加一名子女則額外多加 87.83 歐元。

●從小學到大學皆有的教育補貼

接著，要探討第二項對於子女從小學到高等教育的教育援助，法國政府有以下幾項福利，主要針對中低收入家庭。

1. 開學津貼（La prime de rentrée scolaire）：此津貼是由國家支付給低收入家庭的一種財政援助，有排富條款。據統計，每年有近 300 萬家長收到此津貼。6—10歲的孩童可領取 392.05 歐元；11—14歲可領取 413.69 歐元；15—18歲為 428.02 歐元。

2.午餐補助（Les aides à la cantine）：針對小學至高中的低收入家庭學童，可申請午餐費的補助。

3.國高中助學金（Bourse college et lycée）：在中低收入家庭中，再進一步依據子女數目和所得收入，細分不同層級，以精細化助學金的補助。在國中獎助金補助上，有三個層級：105 歐、294 歐和 459 歐／年。在高中獎助金上，分了六個層級：441 歐、543 歐、639 歐、738 歐、837 歐和最多 936 歐／年。

4.高等教育助學金（Bourse étudiant sur critères sociaux）：針對 28 歲以下欲就讀大學的學生，在符合以下條件，即可申請此助學金。首先，此學生必須沒有來自父母的物質支持；再者，不與父母居住；此外，有前一年個人的年度報稅單；最後，其最低收入為年度最低工資總額的 50%。此助學金共分為八個級距，並考慮了相關就學問題，如家戶組成；住宿地點和學校間的距離等，皆會影響助學金金額。最低者可領取 1,084 歐元／年；最高者可達 5,965 歐元／年。除了此助學金外，尚有給予優秀學生的優秀獎學金（Les bourses au mérite）供申請。

5.文化卡（Le Pass culture）：年滿 18 歲的青年人，可獲得每年 300 歐元，用來從事文化活動，如參觀博物館或觀賞劇場演出、購買書籍或影音產品等。

●提供父母休閒活動的援助

再來，在提供父母休閒活動的援助方面，法國政府給予很多津貼，讓有子女的家庭有更多的機會和預算去參與休閒活動或渡假，例如課外補助（L'aide aux temps libres），可用於減免孩童的休閒活動費用，而渡假補助（L'aide aux Vacances Familiales），適用於孩童與家人或參與如夏令營等活動的費用減免（圖4）。以上這些補助，皆由家庭津貼基金負責，並在考量家庭商數後，針對不同家庭發放金額不同的津貼。此外，每年還有體育卡（le Pass'Sport），針對參加體育俱樂部的孩童，可獲得50歐元的註冊減免。

●對父母分居情況的援助

最後要介紹的是針對父母分居情況的相關援助。在今日的法國，幾乎每五個

圖4 法國家庭津貼基金的渡假補助廣告。（圖片來源：https://www.lemoniteur77.com/la-caf-77-reconduit-ses-aides-aux-vacances-118986.html）

家庭就有一個是單親家庭，並有超過300萬名兒童由單親扶養。因此，家庭支持津貼（l'Allocation de Soutien Familial, ASF）是對扶養或收養一名或多名未滿20歲子女的單親父母的援助。此項支付不需要進行經濟狀況調查。補助金額為每個親生孩子每月可領取184.41歐元，若是收養關係，則補助金額提高為每月245.80歐元。

此外，針對想重返勞動市場的單親父母，則有單親父母育兒援助（Agepi）可申請，使單親求職者得以支付他們在工作或職業培訓期間的托育支出（未滿10歲）。此津貼分為全日托（不超過35小時）及半日托（低於15小時），並按照子女數可領取不同的金額。單親扶養一名子女者，半日托每月補助170歐元，全日托補助400歐元；二名子女者，半日托每月補助195歐元，全日托補助460歐元；扶養三名以及上子女者，半日托每月補助220歐元，全日托補助 520 歐元。

最後，我們以一個剛生育第三胎的中所得雙親家庭為例，加上兩名年幼的子女，看看他們可以享有什麼樣的福利。首先，職業媽媽可以享有 26 週由政府支付的全薪產假，生產時，爸爸可以擁有 30 天的陪產假。之後，若是她決定申請育嬰假，基本為一年，最多可以延長到六年，然後領半薪（同樣由政府支付）。假設該媽媽在基本育嬰假一年後，決定重回職場，則可以申請孩子的托育費用補助。

以此家庭為例，一個三歲以下的嬰兒和兩個三到六歲的子女，總共可領取每月 628.52 歐元的托育補助。接著，若是他們因為家庭人口增加，必須要搬到更大的住所，他們可以獲得一次性的 1054.01 歐元的搬家補助。未來，在就學方面，所有的法國公立學校，從小學一直到大學，基本上都是免學費的，因此，在教育費方面，並不會對此中所得家庭有太大的負擔。

另外，在養育子女方面，此家庭可再領取每月 159.50 歐元家庭津貼，以及特別針對擁有三胎的補充津貼 182 歐元或 273.03 歐元，即最基本每個月，此「五口之家」每月可以再領取 341.5 歐元的津貼，一直到孩子滿 20 歲。以上所有不同種類的津貼只要申請者符合資格，津貼金額都是可以累計的，不需要擇一申請。

這裡順便提一下，法國和台灣一樣有類似全民健保的社會醫療保險（Securité Sociale），所以基本上並不需要擔心就醫或醫療支出的問題。從以上的例子，我們可以看到許多鼓勵且彈性化的措施和補助，讓養育子女這件事，一點也不會成為法國家長的困擾，所以為何不生小孩呢？

期望有一天，「養育孩子」成為享受

觀察法國和台灣不同的底層生育思維，到實際政策實施方面的積極程度，可以這麼說：在台灣，我們認為養育孩子是家庭的責任；然而，在法國，孩童的成長則是國家的責任。這樣的思維差別，加上有效的福利措施，讓法國人沒有生育子女的壓力，但是在台灣光是一個孩子，我們就有負擔不起的壓力。

除了經濟考量外，在台灣還有更多無形的社會壓力影響生育意願。最大的問題就是「婚生子女」這件事，好像沒有先結婚，就不能有孩子。我們社會把「結婚」這件事看得太重，所以對於同居、未婚生子這類的事情，我們打從心底不能接受。於是乎，台灣的單身人口越來越多，許多的婚姻都是建立在「先有後婚」的基礎上，好像懷孕了，不結婚不行了。所以，若要提高台灣的生育率，必須拿掉婚生子女這個思維，請「以孩子為本」，將焦點放在孩子上，保護孩子、照顧孩子，讓孩子成為社會公共財，國家不需要介入太多成年人的私人情感問題。

此外，我們還可以學習法國對於「收養孩童」的態度。一樣的福利，但只要是收養關係，該家庭可領取的津貼往往是自然生育者的一倍之多。這樣的思維，是值得台灣社會思考的。提升女性的生育意願是一回事，然而，也有很多已經出生的孩子沒有家，為何不讓收養也成為一種普遍呢？期望有一天，在台灣想到養育孩子不再是壓力而是享受。提振生育率，從思維轉變開始。

文學情書

瑪格麗特·莒哈絲書寫的故事

——從《情人》談起

謝芷霖

「瑪格麗特·莒哈絲發現她最想寫的其實是這張不存在的照片、這段理當抹滅的過往，她說那是「絕對相片」（*La Photographie absolue*），也是《情人》原本的書名。」

提起當代法國文學，最為台灣讀者熟知的莫過於龔固爾文學獎（Prix Goncourt）。龔固爾文學獎自1902年創設委員會，1903年開始頒發獎項以來，至今超過一世紀，一直對法國文學出版，擁有極大影響力。儘管近年由於各界獎項越來越多，讀者品味愈趨多元，加上閱讀人口大量流失，龔固爾文學獎也不再是文學書銷量的保證了，但依舊具有代表性，在每年秋季法國新書出版的旺季，眾聲喧嘩波濤洶湧的作品中，給予明確穩健的指引。限於評審個人的品味及立場，沒獲得龔固爾文學獎並不表示作品不佳，但能說服多數評委獲獎，卻是對作品不可否認的肯定。經過文學獎加持，吸引更多注意，贏得讀者的芳心，也是對創作者最直接的回饋。

龔固爾文學獎一世紀以來歷史中最具話題性的

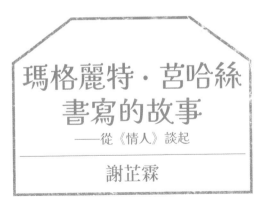

法國北部諾曼地 Trouville-sur-mer 海邊的 Hôtel des Roches Noires，是莒哈絲晚年經常居住與寫作的地方，左側面海的公寓便是她曾經的住處。

作家，莫過於1984年以《情人》（*L'Amant*）一書獲獎的瑪格麗特．莒哈絲（Marguerite Duras）了。《情人》在獲得聾固爾文學獎前已經銷售超過25萬本，在當時的法國書市形成旋風，獲獎後更是引發廣大迴響，僅僅在法國，至今已累計超過兩千四百萬本的銷量，世界翻譯超過43種不同語言版本。《情人》出版之後，莒哈絲成為世界知名的作家。《情人》一書名聞遐邇，也讓個性強烈的莒哈絲成為聚光燈下的焦點。一般讀者可能會把《情人》歸類為自傳體的故事，然而，作者莒哈絲卻認為《情人》一書的重點從來就不在「故事情節」上，因為即使從回憶中取材，此書仍然是虛構的文本。不過，圍繞在作者莒哈絲與《情人》周邊的，卻是真真切切複雜交纏的人間故事。

抗爭的靈魂，抗爭的書寫

故事可以回溯到1950年。在越南出生成長直至19歲赴法國念大學，才真正與這塊法屬殖民地道別的莒哈絲，不但能說越南話，骨子裡也潛藏著中南半島的靈魂。越南戰爭1946年開打，一直延續至1954年，或許是當時被迫返回法國的母親引發感觸，也或許是戰爭激起往日鮮活回憶，莒哈絲把兒時在越南的成長經歷——母親被騙、整個家族窮困潦倒飽受訕笑的苦澀，轉化成引人注目的長篇小說《與太平洋抗爭的水壩》（*Un barrage contre le Pacifique*）。小說在正值越戰戰火熾烈的1950年六月出版，同年雖然入圍龔固爾文學獎提名，卻不在決選討論中，也未獲獎。小說主題是受到官僚欺騙的母親，用盡積蓄買到法國殖民地內一塊無法耕種的海邊溼地，債台高築的情況下，面對不公義，只能奮力苟延殘喘的家庭成員，三個孩子圍繞著憤怒瘋狂卻無力的母親，嘗盡貧窮、訕笑的滋味。寫這本書時的莒哈絲才三十多歲，尚未發展出往後獨特的「莒哈絲文體」，《與太平洋抗爭的水壩》的筆調體裁仍然相對平順傳統。沒有獲得鞏固爾文學獎青睞，莒哈絲似乎含怨多年。

34年後，《情人》出版當年，莒哈絲受邀至當時擁有廣大觀眾群的貝納·筆沃（Bernard Pivot）電視節目《Apostrophes》[22]對談，主持人談及《與太平洋抗爭的水壩》當年未獲獎時，莒哈絲直截了當地說：「他們不讓我得獎是因為我是共產黨員。」彷彿她以共產黨員左派的邊緣姿態，膽敢揭發法國殖民地時代越南境內的不公不義，便同樣遭受不該獲獎的懲罰。1950年以Colette為主席的鞏固爾文學獎評審團，當然無法在34年後出來辯解，但文學獎評審因為政治立場，而將文學作品列為拒絕往來戶的可能性，在文化包容力開闊的法國，其實發生的可能性極低。莒哈絲在文藝圈與政治圈向來以言論激烈聞名，也因為她無畏及邊緣的姿態樹敵無數。事實上，她在《與太平洋抗爭的水壩》出版後不久，就由於其他黨員認其「發言不妥」，憤而退出法國共產黨員，在文化與政治上與他人的論戰不斷。

是作家也是導演

瑪格麗特．莒哈絲雖然自覺與傳統文學獎無緣，但她並未因此而改變初衷，依舊創作不斷。除了小說、評論、劇本之外，她也涉足電影。從撰寫電影劇本開始，如 1959 年為亞倫．雷奈（Alain Renais）的《廣島之戀》（*Hiroshima mon amour*）創作劇本及對話，1960 年為 Peter Brook 改編自己的同名小說《如歌的行板》（*Moderato Cantabile*，小說為 1958 年出版）為電影劇本等，廣為人知。後來更自己掌鏡成為導演，1975 年改編自她的小說《副領事》（*Le Vice-Consul*）的《印度之歌》（*India Song*），普獲好評，甚至獲得「法國電影藝術影評協會大獎」（Prix de l'Association française des cinémas d'art et d'essai）；1977 年的《卡車》（*Le Camion*），與名演員傑哈．德巴狄厄（Gérard Depardieu）合作，並獲選在當年坎城影展非競賽片場次播映。莒哈絲對電影拍攝、敘事、音樂、剪輯、對話甚至旁白，都有自己獨特的看法，製作不需要大筆資金，拍攝地點的象徵意義更甚於實際，對

22 *Les Grands Entretiens de Bernard Pivot : Marguerite Duras*，法國電視第二台（France 2）播映，1984 年 9 月 28 日，《Apostrophes》節目。

話的詩意與韻律、音樂選輯，凡此種種的必要性凌駕一切。

電影對莒哈絲來說，是另一種實現藝術理念的素材，電影的親和力和商業性，從頭到尾她完全沒放在眼裡。《印度之歌》的影片背景雖然在加爾各達（Calcutta），實際拍攝地點卻是在巴黎近郊的 Boulogne-Billancourt，霍其德城堡（Château Rothschild）中。這部片中的「畫面時序」及「人聲時序」各自獨立，人物對話的影像及背後對話聲音完全不同步，這種刻意的「錯置」手法，相當引人注目。地點的「錯置」同樣發生在後續的短片中，Césarée（1979）背景雖是毀壞的古城，卻是在巴黎杜樂麗花園（Jardin des Tuileries）取景。1981 年，莒哈絲為晚年陪伴她的揚．昂德雅（Yann Andréa）寫下《大西洋男人》（*L'Homme atlantique*），同年拍成電影。這部四十分鐘的影片惟一出現的人物只有揚．昂德雅，同樣由莒哈絲為背景人聲，剪接了一些前部片 Agatha 沒用到的殘餘片段，其餘差不多三十分鐘畫面全黑！影片中的黑，猶如書寫時無可避免的內在陰影，走進面對，方能重生。莒哈絲把電影推到了懸崖峭壁邊，面對開闊無垠的美景，卻也無法避免可能跌落萬丈深淵的危險。影片只在巴黎的 L'Escurial 獨立影院放映，她寫了一段話事先警告觀眾，只有能忍受極端危險的人才能目睹生命之美，沒那個能耐的話就別進場了。莒哈絲對自己與觀眾一視同仁，要求嚴苛無比，只有站在同一水平，才能明瞭她創作想呈現出來的美：「我對電影的追尋，便是我在書中所追尋的。只不過形式不同罷了。追尋方式一以貫之，差別微小，幾近無[23]。」

Marguerite Duras 在巴黎居住的公寓 5, Rue Saint-Benoît 的第三層樓（相當於台灣的四樓）。

在創作上把自己推向臨界點，瑪格麗特．莒哈絲在生活中，也無力抵擋浮懸在深淵前的強烈欲望。不信神的她，藉由酒精讓身體飄浮飛翔。她從1975年起便開始酗酒，越喝量越多，1980年便因酒精中毒

23 «Je crois que j'ai recherché dans mes films ce que j'ai cherché dans mes livres. En fin de compte, il s'agit d'une diversion et seulement de ça. Je n'ai pas changé d'emploi. Les différences sont très petites, jamais.» 出自«À propos del'Homme Atlantique»，*Des femmes* 週刊，1982年3月號。

而送入 Saint-Germain-en-Laye 醫院住院五星期。同時期，她結識了一位小她38歲的年輕讀者，Yann Lemée，莒哈絲決定稱他為「揚．昂德雅（Yann Andréa）」。在莒哈絲的世界裡，從來只有她說了算。揚．昂德雅不僅是莒哈絲的讀者，也是她的愛慕者，性向為同性戀者的他，卻與莒哈絲發展出亦友亦戀人的複雜關係。在莒哈絲因酗酒身體虛弱到無法執筆時，揚．昂德雅不但在她身旁照顧她、陪伴她，也為她聽寫謄稿、修改整理、打理生活大小事，宛如貼身祕書。莒哈絲與揚．昂德雅的關係親密無比，卻是分分合合充滿了衝突；她與酒精的關係亦然，幾次試圖戒酒，卻總是走向深陷徒然。不變的只有書寫，書寫創作的欲望推著她向前，也是惟一能讓她心甘情願接受戒酒治療的誘因，酒精帶來的飄浮與死亡的迷泫，都抵不過堅強的生之意志，活著才有辦法繼續書寫，把創作的滾滾渴欲，攫取留下痕跡。

書寫摧毀，書寫不可能

1983年，莒哈絲兒子 Jean（別號 Outa）提議寫一本家族相片的書，將家族的老照片整理出來，加上文字註解。莒哈絲覺得點子不錯，也想與兒子合作，便爽快答應了。於是她開始翻找資料，翻出許多老照片，也翻出了遺忘的古舊筆記本。然而，邊整理邊思索，她發現最想寫的、最該寫的，卻是一張從來不曾存在過的照片：「如果能預料到這個事件——那次渡河——在我生命中的重要性，這張照片絕不可能不拍。然而，在擺渡的當口，誰知道往後會有成事的一天。只有神知道。這也是為什麼，這個影像，沒有別的可能，從來不曾存在。遺漏、遺忘、無法剪裁出來，從平凡中突顯。無從現形反而使其別具意義，彰顯絕對，正好成為賦形的作者。[24]」這個缺損，就像個頑強抵抗的旋渦，呼喚書寫的能量，引領那枝書寫的筆，嘗試描摹，一個筆觸一個筆觸疊加，漸漸形塑光影，推敲立體的稜角。那些隱晦不明、暗無天日、見不得人的過往，為社會常軌強制抹煞禁忌的傷痕，承載強烈生之慾望與情感的黑洞，滾滾流洩在紙上，奔竄於字裡行間，嘶喊獨一無二的畫像。

---

24 Marguerite Duras, *L'Amant*, Éditions des Minuits, 1984, p.17.

瑪格麗特．莒哈絲發現她最想寫的其實是這張不存在的照片、這段理當抹滅的過往，她說那是「絕對相片」（*La Photographie absolue*），也是《情人》原本的書名。莒哈絲在已逝去的記憶中拼命打撈，奮力讓遺忘現形，她寫下的並非過去影像片斷的註解，而是為那些陰影黑洞，在人世間勾勒出起碼的形貌，以譬喻的形象，還魂於可述說的字字句句。彷如靈媒，以筆雕刻借體還魂的故事，在遺忘的黑水中一點一滴篩濾，試圖顯影可能的「絕對相片」。就像莒哈絲在《Apostrophes》接受貝納．筆沃訪問時，所描述的書寫狀態：「一種奔跑的猶疑書寫，急於抓取而非述說。攀上文字的峰稜，得趕快，別錯過。書寫常常流於一塌糊塗，一下就忘了，得立刻馬上。[…] 故事被緊急召喚來好讓人寫下。[25]」

所有寫下的故事，都是追尋抓取的痕跡，在黑暗裡不確定摸索的過程。你以為對真實記憶的描繪，充其量只是盲目中慌亂追趕的零星腳步，面對絕望不可說的無盡迷失。《情人》裡書寫的正是這樣的慌亂與絕望：「[…] 這個廢墟與死亡的共通故事，都是這個家庭的故事，無論如何，愛也好，恨也好，總在我的認知外，無法觸及，深深藏在我的血肉之中，盲目如同剛出世的新生兒。故事是靜默起始的過渡地。在那裡發生的只有靜默，我一生的緩慢功課。我依舊深陷其中，面對（這個家庭故事中）那些著魔的孩子，彷彿面對難解的秘密，永遠保持著距離。我以為我寫過，寫不了；我以為我愛過，愛不著；我只是等在深鎖的門前，自始至終束手無策。[26]」

在黑暗與絕望中持續書寫、苦苦追尋，這才是莒哈絲書寫的面貌。《情人》刻寫的不是已經存在的故事，不是另一個版本的《與太平洋抗爭的水壩》，只是不斷地試圖接近，與時間與消逝與死亡拉扯，一字一句都是和時憶之流搏鬥後深入肌理的傷痕。若能書寫摧毀，方能書寫出存在。然而，每個嘗試定形的線條，都是無法盡如人意的錯誤；以為的創建，卻是巨大的毀壞。命定書寫無可書寫，愛那永不可

25 原句為：« … une écriture distraite qui court, qui est plus pressée à attraper les choses que les dire. Je parle de la crête des mots, pour aller vite, pour ne pas perdre. Quand on écrit c'est le drame. On oublie tout, tout de suite…. L'histoire est appelée d'une façon urgente pour être écrite.», Les Grands Entretiens de Bernard Pivot : Marguerite Duras，法國電視第II台（France 2）播映，1984年9月28日，《Apostrophes》節目。

26 Marguerite Duras, *L'Amant*, Éditions des Minuits, 1984, pp.34-35.

Yann Andréa 2014 年逝世後與 Marguerite Duras 合葬，現今的墓碑上兩人的名字並列。

愛，在禁忌裡品味絕望的極樂，莒哈絲永遠的《情人》。

《情人》既不是自傳，也不是充滿異國情調的愛情故事，毋寧說是一本追尋書寫、書寫追尋的文字工坊，永遠在想像與生命的殘片間擺渡，在滔滔的欲望河流裡浮沈，顛覆禁忌還是擁抱不可能，放任高潮抑或絕決靜默，不斷尋找成型可能的文字，同時把讀者一起淹沒捲入，聽憑想像詮解。就像羅荷．愛德勒（Laure Adler）在《瑪格麗特．莒哈絲》（*Marguerite Duras*）一書中所說：「《情人》是個激發讀者想像力的實驗場域。可能也正因如此，這本書獲得巨大的成功——讀者就是書中主角，邊閱讀邊重寫整個故事。[27]」

莒哈絲三個月不到，便完成了這本書，一直以為會伴隨家族老照片一起出版。原本提議的出版社一點也不積極，甚至將出版推遲到 1986 年。揚．昂德雅幫忙將文稿打字整理完，認為這應是一本小說，說服莒哈絲將文稿給其他人看看。後來，傳到了子夜出版社（Éditions de Minuit）的負責人傑洪．蘭登（Jérôme Lindon）手上，他親自登門拜訪莒哈絲，希望成書出版。改名《情人》出版的這本小說，初版印了25000本。對出版品向來很少賣超過一萬本的子夜出版社來說，已經是破天荒的印量了，沒想到甫上市便快速售罄。

9月28日在貝納．筆沃電視節目《Apostrophes》專訪莒哈絲後，更得面對各方要求加印的聲音，需求量是一天一萬本！由於初版使用的印製紙供應不及，印製不及，甚至一度導致缺貨，完全就是洛陽紙貴的寫照！翻譯授權的要求從世界各地湧入，報章雜誌、電視廣播，到處都在談論莒哈絲及她的新書《情人》。過去十年間靜默創作，無人聞問的邊緣作家莒哈絲，一夕之間成為家喻戶曉的知名人物。1984年的龔固爾文學獎，

27 « L'Amant est un chantier d'expérimentation destiné à provoquer l'imaginaire du lecteur. C'est peut-être aussi pour cette raison qu'il a obtenu un tel succès : le lecteur y est le personnage principal et, en lisant, il réécrit lui-même l'histoire.»，*Marguerite Duras*（《瑪格麗特．莒哈絲》），羅荷．愛德勒（Laure Adler），第782頁，Gallimard，1998。

沒有理由不頒給這本炙手可熱的當紅小說，既是錦上添花，也是眾望所歸。

小說與電影，命定不可能的「情人」

1987年春天，美國那邊有意願買下《情人》的版權，改編成電影。考慮的過程中，法國電影製作人克勞德．貝希（Claude Berri）捷足先登，決定買下版權。也是電影人的莒哈絲，自然向克勞德．貝希毛遂自薦擔任導演，貝希不置可否，但後來莒哈絲卻自己退縮了，貝希建議她動筆改編電影劇本。莒哈絲認為這該是部關於寫作的電影，15歲的少女因為禁忌不可能的相遇，決定走向寫作生涯。她開始著手寫下對話、場景，那個15歲的少女沒有名字，就是個「孩子」。與此同時，貝希找到仲傑．亞諾（Jean-Jacques Annaud），起先拒絕的亞諾，終究接下了導演的任務。對亞諾來說，這是一個發生在法國殖民地，法國少女與富有中國青年間，充滿禁忌與階級、貧富糾葛的故事，來自陌生土地的異國風情彌漫。

莒哈絲與亞諾對電影的切入立場，從立足點就南轅北轍，縱觀他們過往的拍片歷程，各自對電影敘事的表現手法更有天壤之別，兩人無法共事，其實完全可預料。1988年秋天，莒哈絲由於長期酗酒健康惡化而住院治療，醫院甚至必須使她進入人工昏迷的狀態以控制病情，連醫生都沒把握能把莒哈絲救回來。莒哈絲住院期間，克勞德．貝希把她寫了一半的電影劇本交給亞諾，在劇作家傑哈．布曲（Gérard Brach）的協助下，兩人繼續完成改編《情人》的工作。亞諾積極在越南勘景，決定拍攝細節。臥病的莒哈絲瀕臨死亡，自然無法插手電影製作的準備過程。

1989年秋天，在鬼門關前走一遭，大難不死的莒哈絲終於出院，打電話給亞諾要求會面討論電影。亞諾與莒哈絲會面多次，將他在越南勘景時拍下的照片展示給莒哈絲，也詢問了她許多與小說背景相關的細節。對莒哈絲來說，這仍是「她的電影」，亞諾只是協助她完成的導演工具人而已。她渾然不知，一年臥病隔離人世，亞諾早已放下莒哈絲未完成的劇本，與傑哈．布曲合作，重新寫就了新的劇本，拍攝場景也另外定案。當她閱讀到這部新劇本，沒讀幾頁便陷入爭執，莒哈絲與亞諾注定分道揚鑣。電影準備至此，勢必得進入拍攝工程，放下爭執。莒哈絲和貝希身邊的朋友出來打圓場，最後由貝希以高額的權利金交換，莒哈絲承諾不再插手干預電影劇本及拍攝。

擺脫了莒哈絲的強力介入，亞諾總算能照自己的心意拍攝屬於他的《情人》電影版本。電影製作人貝希雖然沒有明說，但他一定從頭便心知肚明，如果希望電影符合大眾的期待，開出好票房，亞諾對小說的解讀法，對電影拍攝的理念，絕對更能討好一般觀眾。1992 年亞諾執導的電影《情人》公開院線上映，名演員梁家輝及新人珍．瑪奇（Jane March）的精彩對手戲，細膩復元的越南場景，珍妮．摩露（Jeanne Moreau）極富磁性的聲音旁白，席捲了全球票房。除了法國本土，影評沒有如預期看好，可能因為全片為英語發音，也可能是許多小說讀者認為電影的詮解方式脫離原著。然而，不可否認的是，由於電影無遠弗屆的影響力，小說《情人》及作者莒哈絲，從此世界知名。

如果抽離小說，只就電影《情人》的拍攝、場景及敘事手法來看，平心而論，整體製作的確有中上水準，當然也有非常流俗、濫情的部分，起碼算是成功的商業

法國北部諾曼地 Trouville 鎮海邊原 Hôtel des Roches Noires 所在地，Marguerite Duras 時不時來此度假住一段時間，專心寫作。現在旁邊通往海灘的階梯，以作家的名字命名，作為紀念。

片。至於與原著小說的關係，就像所有改編自小說的電影一樣，兩者之間的關係命定走向衝突，欲迎還拒，難分難解，愛恨交織，若即若離，相看兩厭。文字打造出的洞天，與影像堆疊出的宇宙，分處不同時空，彷彿永不交集的兩條平行線。「忠實」改編小說的電影不可能存在，所有的詮解都是再創造，由影像將文字重新排列組合，已經不只是翻譯，根本就是重新創作了。

詮解、誤讀、再創作

《情人》電影的改編過程，完全不如預期，卻反而帶動小說全球暢銷，把莒哈絲的知名度推向國際舞台。讀者對小說的解讀，是不是也成了一場錯誤？連帶對莒哈絲一生的創作理念，是不是也難免扭曲訛誤？身為作者，的確無法在作品完成之後，控制讀者的各種「解讀」與「誤讀」。沒想到最失控的情況，正好發生在獲得知名獎項的小說，最大「誤讀」代表的電影，反而成功到讓作者享譽全球。一連串不經意的巧合，無以名狀的荒謬，對莒哈絲來說只成了一場令人懊惱的鬧劇。

她把錯怪到小說《情人》身上，醉酒狀態下寫出來的東西果然不行，她急切地盼望補救，開始「重寫」心目中「理想的情人小說」。莒哈絲把之前寫至一半的電影劇本拿出來，花盡心思力氣重新編織「屬於她理想中的影像／舞台世界」，用了一年的時間寫就《中國北方的情人》（*L'Amant de la Chine du nord*）。這是本融合小說與電影／舞台劇本的書，主角沒有名字，就是「孩子」（l'enfant）與「中國人」（le Chinois），大量的對話，詳盡的場景描述，加上非常多的註解，說明若是拍攝成電影時可以怎麼處理，甚至該如何選角，都不厭其煩地敘述。假如莒哈絲年輕二十歲，身體健康狀況許可，她會真的把她心目中理想的電影《中國北方的情人》拍出來。但她已經沒有拍電影的過人精力了，只能長篇大論寫出一本絮絮叨叨的電影書。

既然電影出不來，這本書非得見天日、昭告天下，以聲明她的理念才行，因此她一完成手稿便寄給合作夥伴子夜出版社的傑洪．蘭登。沒想到蘭登花了很多時間刪改莒哈絲原稿，遲遲不談出版事，讓莒哈絲心生不滿。莒哈絲於是另外找上出版界大老 Gallimard 出版社，以《中國北方的情人》原書名 *Le cinéma de l'amant, l'amour dans la rue*（情人電影，街頭的愛情）另外簽約，衝突漫延在兩家出版社與作家間，溝通遲緩，怨懟積累。莒哈絲堅持文本的完整，以《中國北方的情人》作為最終的書名出版，而兩家出版社協議分帳共同出版，盈利各半，1992 年在仲傑．亞諾執導的電影《情人》上映前出版，這才化解了紛爭[28]。

莒哈絲以實際行動演示了她心目中最佳的文學表現。詮釋角度不同、方式不同、背景認知及目的不同，都是對作品的曲解，也是對作品的再創造。即便是作家本人，一旦作品完成，也失去了掌控權，作者的觀點只能與眾多的讀者平起平坐，化為眾聲喧嘩裡微弱的聲道。任何解說，都只是增添的創作品而已，就像所有的文

28 整個紛爭始末在 *Marguerite Duras*（《瑪格麗特．莒哈絲》）（Gallimard, 1998）一書中，作者羅荷．愛德勒（Laure Adler），透過與當事人的訪談，有完整的描述。

學作品一樣，作品之間既相互指涉，又完全孤立。

瑪格麗特．莒哈絲晚年聲譽如日中天，作品萬眾矚目，享有眾星拱月的地位。然而，終生獻給創作的她，持續不斷寫作，自始至終擁有的，只有簡單的書房、書桌、用來書寫的筆和紙而已。就算名滿天下、著作等身，依舊感覺不足、不滿，仍然有話非說不可，那些等待寫出來的故事，呼喚著獨坐孤立的寫作者，持續絮叨，不斷書寫。孤獨，不甘寂寞，創作。瑪格麗特．莒哈絲用她的一生獻給書寫，也以她生命中的紛紛擾擾，寫出了「關於書寫的故事」。

1996 年 3 月 3 日，Marguerite Duras 於巴黎的公寓中辭世，葬於 Montparnasse 墓園。

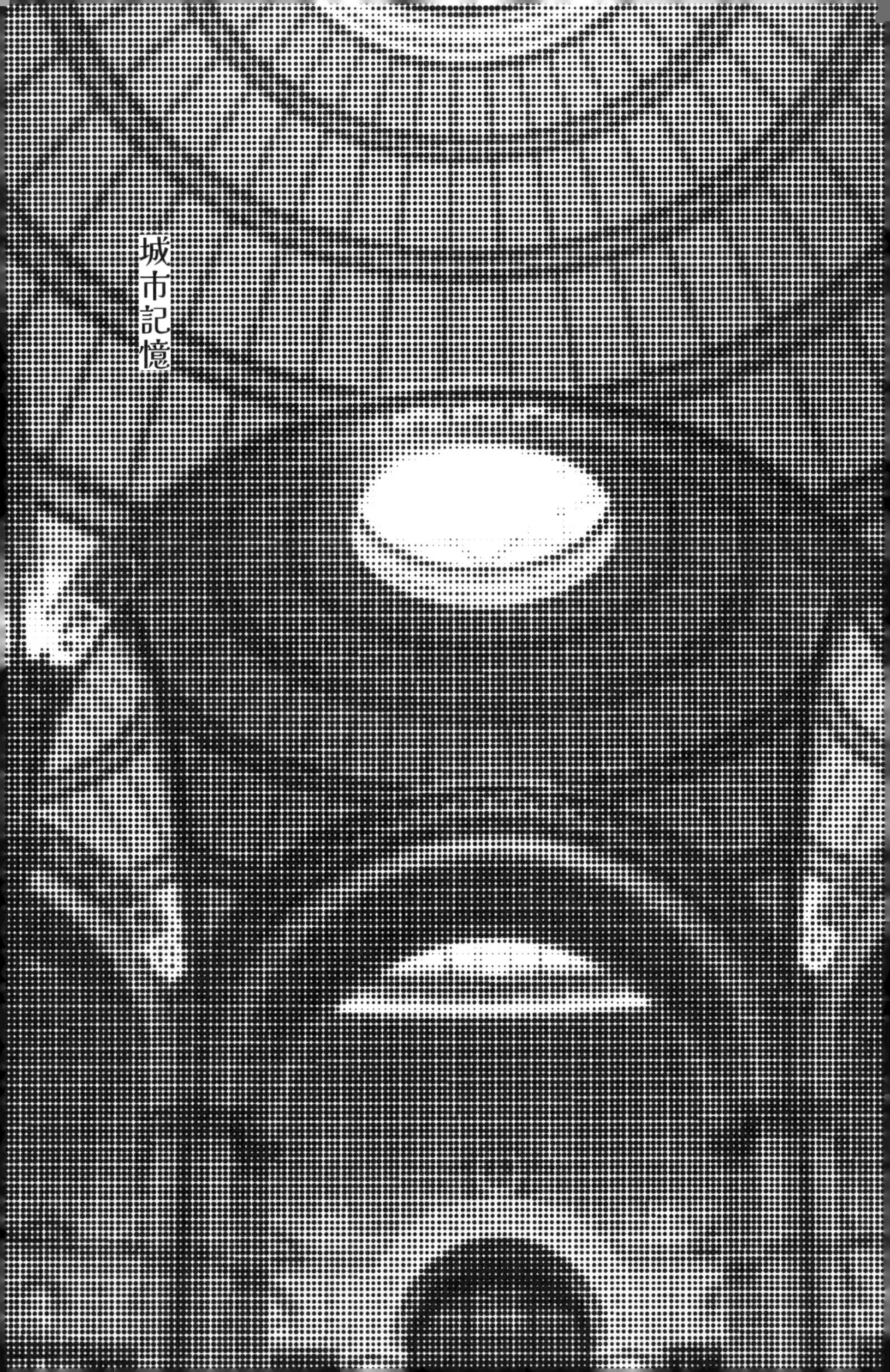
城市記憶

編織一座知識的宮殿

：法國國家圖書館

陳奕傑

「我們幾個經常在此（法國國家圖書館）埋首的學生都戲稱這是現實中的《侏羅紀公園》，彷彿隨時會有隻暴龍衝出鋼索電網一般。」

巴黎，這座城市以其深遠的歷史與文化著稱，但奇怪的是，這裡很多文科博士生通常因為學校空間寸土寸金，終其整個博士生涯未能有過自己的研究室。於是，我們通常在各大圖書館之間流浪，錢包裡的圖書館證遠多於各種商店的會員卡也是很自然的事。跟遍地的博物館一樣，這座城市的圖書館密度應該也是世界名列前茅的，從古典的巴黎市政廳圖書館、空間巨大但每到禮拜天門口必排隊的龐畢度圖書館、長輩最愛流連讀報的各區市立圖書館，到植物園旁邊小巧又精緻的自然史博物館附屬圖書館，每座圖書館都各有其特色。如果說有哪間圖書館讓人非拜訪不可，我會說是法國國家圖書館（Bibliothèque nationale de France）的兩間分館——黎塞留分館（site Richelieu）與托比雅克分館（site Tolbiac）。

在巴黎卻「不巴黎」的國家圖書館

巴黎的學生有兩種，一種從來不去河邊的國家圖書館，另一種除了這間圖書館別的都不去。坐落在巴黎十三區的法國國家圖書館托比雅克分館，是一個獨特的存在，從出了地鐵站起，就會發現這個區域非常地「不巴黎」，因為相較於市中心標誌性的奧斯曼建築，這附近無疑是現代主義建築的實驗地。寬敞的法蘭西大道兩側佇立著一座座現代主義建物，有的外面布滿綠植，有的看起來像重心歪斜，這裡一點也沒有巴黎的古典氣息，兩旁的商場和星巴克或許會讓人覺得自己身在美國的某個城市。

當初剛來法國的我被擁擠的「奧斯曼」式生活所壓迫時，反而喜歡在這裡散步，只因為這裡比較能給我台灣街道的感覺。再往圖書館的方向走去，映入眼簾的是鋪著木板的廣場，兩旁蹲坐著幾輛賣漢堡薯條的小麵包車，法語名字直譯是「冒煙的卡車」。最後，在河邊的陣陣微風吹拂下，你會看到四座矗立在河岸的大型灰色鋼構玻璃帷幕建築，呈現四本書打開對立著的樣子，這就是保存了數百年知識薈萃的法蘭西圖書館密特朗分館（BnF François Mitterrand）。

這裡一切都是如此的現代，如此的「美式」，跟大家印象中的巴黎搭不上關係，為何如此獨特？我們必須聊一聊這座城市與這座圖書館的歷史。讓我們回到大約六百年前，法蘭西國王查理五世（Charles V）在羅浮宮設立了這個民族的第一批皇室圖書典藏，大約900本的藏書。1537年，法王佛朗蘇瓦一世（François I）頒布了一項命令，要求所有的書店與印刷商在印行書刊時，也必須繳交一份樣書到皇家圖書典藏。這項敕令使得官方開始系統性地典藏文件書籍，並沿用至今，成為法國國家圖書館典藏各類文獻的法源依據。1666年，路易十四的名臣柯爾貝（Jean-Baptiste Colbert）將皇家圖書館遷移至位於皇家宮殿與歌劇院中間的薇薇安區（quartier Vivienne），即今天國家圖書館黎塞留館現址的附近，並在1692年首次向大眾開放。

到了十八世紀末，皇家圖書館除了典藏與分類的質與量不斷地增長，也開始更廣泛地向知識份子與中產階級大眾開放，當時每天約有上百位讀者造訪閱覽室，其中包括啟蒙哲學家盧梭（Jean-Jacques Rousseau）與伏爾泰（Voltaire）。1789年爆發的法國大革命徹底改變了這座圖書館，隨著路易十六的人頭落地，它的名稱也從「皇家」圖書館變成了「國家」圖書館。同時，因為大量的教士與貴族遭到清算，他們數十萬計的書籍收藏，也被上繳到國家典藏當中，其中也包含路易十六自己與其妻瑪麗安東尼的藏書。之後，在拿破崙橫掃歐洲各國的砲擊聲中，來自比利時、荷蘭、德國與義大利的圖書也被納入圖書館中。

拉普斯特廳的誕生

正因為館藏數量的劇烈增加，從十九世紀起，這座圖書館便開始面臨空間不足的難題。事實上，早在 1720 年，皇家圖書館員比尼翁（Jean-Paul Bignon）將圖書館遷移到黎塞留館的現址時，圖書館的可用空間就已經捉襟見肘。整個十八世紀，皇室的建築師們不斷在這座原先為馬薩林主教（Jules Mazarin，路易十四的首席大臣）的宮殿附近增修新的迴廊側殿，希望儘可能增加館藏收納的空間，但擴建的速度，遠遠趕不上典藏物件的增長，大革命之後僅二十年間，館藏數量就翻了一倍。雖然遷址的呼聲不斷，最終法皇拿破崙三世決定保留原址。1854 年他任命拉普斯特（Henri Labrouste，也是巴黎知名的聖日內維耶圖書館 Bibliothèque Sainte-

Geneviève 的建築師）將現有的建築群翻新與擴建為一座現代化的「帝國圖書館」（因為拿破崙三世統治下的法國政體為帝國）。拉普斯特還特地於 1857 年，前往倫敦考察了當時新建成的大英博物館閱覽室。1868 年，新的帝國圖書館閱覽室終於完成，即「拉普斯特廳」（salle Labrouste）。

在建造這座現今為國家藝術史中心（Institut national d'Histoire de l'art, INHA）圖書館閱覽室時，拉普斯特從拜占庭式的拱頂汲取了靈感。他在建造聖日內維耶圖書館的時候，便已經多次實驗過金屬材質的結構，並再次嫻熟地將這樣的結構用於這個閱覽室。整個天花板由九個拱頂構成，每個拱頂的中心都有一扇圓形的玻璃天窗，四周並鑲以米白色的釉陶磚，它雖然比傳統石膏板的牆面貴，但卻更加耐久，且其光滑的表面讓光線可以均勻地反射在整個閱覽室當中。樑柱與拱頂交接處，皆飾以歷史上各國文人藝術家的肖像浮雕。展廳中間從拱頂直落地面的纖細鑄鐵柱，將整體空間襯托得更加寬敞。拉普斯特廳於 1868 年啟用，這也標誌著現代圖書館理念的出現，意即「存放圖書的書庫」、「讀者使用的閱覽室」與「工作人員的區域」被獨立分開，書牆環繞四周，供位於中央的讀者取用，每個座位都有獨立的新藝術風格綠色檯燈，這也是法國首次出現配置暖氣的圖書館。

為了實現現代圖書館的理念，拉普斯特拒絕沿用馬薩林主教的宮殿作為閱覽室，甚至不惜拆毀一部分的歷史建築。走進閱覽廳，入口處是一個門衛用的小房間，從裡面看去是類似歐洲教堂的門廳，頂上安著一座古典時鐘，四周以三層迴廊的書牆圍繞。因為現在這個空間成為了國家藝術史研究中心的圖書館，所以所有圖書都是藝術類的書籍。抬頭仰望，巨大的拱門窗讓人想起歐洲火車站的設計，沒有窗的拱門牆以藍天綠樹的風景畫點綴著，乃是拉普斯特聘請巴比松畫派[29]的風景畫家德斯戈夫（Alexandre Desgoffe）所作。大廳深處呈半圓形，中央一個可以觀視全部座位的圖書館員櫃檯，四周都是館員處理圖書流通的辦公區，底部的出口佇立著兩尊高大的女神雕像，中央的另一扇門則通向後方的書庫區。因為現在的館藏都是厚重的藝術畫冊，因此這裡的圖書館員是我看過最為辛苦的，閉館之時每個人手上都有搬不完的磚頭般的書。

拉普斯特廳（Salle Labrouste）。

29 巴比松畫派（École de Barbizon），為19世紀中葉在法國興起的鄉村風景畫派，因主要藝術家聚集在巴黎近郊塞納馬恩省的巴比松鎮而得名，著名畫家有米勒（Jean-François Millet）、盧梭（Théodore Rousseau）、杜比尼（Charles François Daubigny）等。

橢圓廳。

被戰爭耽誤的橢圓廳

1875年拉普斯特去世，帕斯卡（Jean-Louis Pascal）繼承了翻新這座圖書館的工作，比起拉普斯特，它更注重於保存與重新安排過去幾世紀遺留下來的結構與物件。當時圖書館的空間仍然不足，且整個建築區塊的東北角，仍然與老舊民居相鄰接，而民宅裡的咖啡廳等商店使用火源的需求，一直是圖書館的隱患。

此外，考慮到拉普斯特廳只對研究人員開放，因此對於普羅大眾來說，國家圖書館仍缺乏一間同樣現代而美觀的閱覽室。於是，在徵收了東北邊的民宅獲取建地之後，帕斯卡著手設計了橢圓廳，這也是僅次於拉普斯特廳的第二大閱覽廳。整座閱覽室的設計理念呼應著拉普斯特廳，為一個長43米寬32米的橢圓形，一樓是向大眾開放的閱覽區，四周的書牆上建有三層的走廊，屋頂的巨大橢圓玻璃天窗，四周環繞著十六扇圓形的窗，窗的下方貼著馬賽克磚的拱門相較拉普斯特廳稍小一些，再向下延伸出細長的直條紋鑄鐵雙柱直至地面，每個圓窗的上方飾以金底紅字的各國城市名稱，銘刻的是歷史上曾經對圖書館有過巨大貢獻的城市們。

然而，從1897年橢圓廳計畫拍板定案開始，歐洲連續遭逢了一次世界大戰與經濟大蕭條，使得橢圓廳直到1936年才落成啟用。在此期間，飛速成長的讀者數量再次使官方怯步，又由於巴黎市區也興建了不少公立圖書館，這讓館方改變了當初橢圓廳的用途，從當初設計給所有民眾變成只對研究人員開放，於是橢圓廳成為了學者查閱期刊資料的館間。直到2022年整修完成之後，這個閱覽室才恢復它約一百年前的使命——免費且無任何年齡身份限制地對大眾開放。重新整修的橢圓廳既有歷史建築的美感，又不像巴黎其他的古典圖書館一般昏暗，屋頂圓窗被星星般的小燈重新點綴，書牆上的書架也打上了黃色燈光，18米高的空間讓我們在這座書籍的宮殿當中覺得毫不壓迫。四周的書架看得出來仍是建造之初保留下來的，靠近還可以聞到木頭的芳香。有趣的是，整修之後環繞四周的橢圓書架中間，還另外安插了使用電腦的小隔間，但整體設計一點也不顯突兀，若非走近我甚至並未察覺到這隱藏在古典作品中的現代元素。

極簡主義的現代知識宮殿

從十九世紀中葉直到二十世紀七零年代，除了新建館廳之外，也執行過數次重新調整書庫館藏的工程，但整個黎塞留館區的空間始終有限，更是難以面對二十世紀之後國家典藏文獻的爆炸性成長，而上世紀六零年代以後資訊科技的發展，又讓國家圖書館需要再次現代化。最終，在1988年，時任的法國總統密特朗（François Mitterrand）決定重新選址，興建一座能以資訊科技傳遞與組織館藏的當代圖書館，並決定將約一千萬冊的印刷館藏全部遷移至新館，舊的黎塞留館區則保留給其他類別的館藏，如版畫、地圖、手稿、錢幣與徽章。

密特朗蓋新館的決定其實屬於一個更大的計畫，也就是俗稱「大工程」的建築與都市規劃大建設（Grandes opérations d'architecture et d'urbanisme），有如小蔣當年的十大建設一般，但幾乎都是文化建築，其中在巴黎有名的還包括羅浮宮前的金字塔、奧賽博物館與巴士底的歌劇院等等。這座新的圖書館即是坐落在13區塞納河邊，佔地7.5公頃，由建築師多米尼克．佩羅（Dominique Perrault）所設計的托比雅克分館（site Tolbiac）。因為這是90年代才開始的建設計畫，當時附近都還是荒蕪一片，場址原先是過去的玻璃工廠，這也是為什麼我們今日看到附近的建築這麼「不巴黎」的緣故。

這是歐洲第一座大型極簡主義風格的建築，四座以書本為意象的大樓分別命名為「時間」、「律法」、「數字」與「文學」，象徵著各領域的知識。它們呈直角形框住中間陷落十幾米深的森林綠帶，並以簡約的幾何線條勾勒出玻璃帷幕的外觀與入口的鋼構。但因為安全因素，中間的森林綠帶並不開放，反而是在上方露台以鋼索與欄杆區隔開讀者與底下的森林，從露台看出去，只看得見被鋼索環繞的杉木樹冠。我們幾個經常在此埋首的學生，都戲稱這是現實中的《侏羅紀公園》，彷彿隨時會有隻暴龍衝出鋼索電網一般。

整座圖書館從建築本體到基礎設施，再到讀者使用的桌椅傢俱，都出自建築師統一的規劃。在極簡主義的理念之下，其材質的種類也縮減到最少，例如灰色的金屬、水泥與深褐色的原木。所有的桌椅都比日常的尺寸要大上許多，相比巴黎著名的幾座古老的圖書館當中，所有人肩挨著肩的侷促困頓，這裡的閱讀空間異常難得地不會讓人覺得窒息。館內設施的表面，大量地使用編織金屬的材質，這樣的質地介在金屬的冷感與原木的暖色調之間，剛好調和了水泥、木材與金屬三種元素，而館內的燈光打在編織金屬的表面，也更能均勻柔和地散佈到四周。除了原木、水泥與金屬的灰褐色調，幸虧地上鋪著厚實柔軟的大紅色地毯，讓我們能有置身古堡當中的感覺，否則這個空間，就真的像極了科幻電影當中的冰冷外星基地。

對於第一次造訪這座圖書館的人來說，印象最深刻的可能不是它簡潔的美感或當代的建築理念，而是步入這座知識宮殿所需要的繁瑣漫長過程。或許是因為人力成本的預算因素，如此大面積的建築竟然只開放一處出入口。如果我們是要前往離入口最遠且位於下層的閱覽室，從上方的平台下到入口之後，首先要經過安檢，然後在鋪著紅色地毯的走廊上步行約六、七分鐘抵達長型建築群的另一頭，在置物櫃存放好個人物品，刷卡通過前往地下研究人員閱覽室的閘門，之後再推開兩扇厚重的門，搭上細長如科幻電影的場景一般的電扶梯，在灰色巨大的清水模柱子環繞下，安靜無聲地深入地下，最後才能抵達閱覽室。

整個過程需要至少十五分鐘。如此麻煩的過程自然勸退了不少有志於苦學的同學們，不過，或許也是因為我已經習慣了這樣的「入館儀式」，每次從大門進去之後，隨著腳步的前進，我總感覺我的精神慢慢地抖落了巴黎外頭的喧囂，逐漸讓自己不再分心於日常瑣事。而藉由電扶梯緩緩降落於地底的過程，也每每讓我感覺自己正在深入一座由知識構成的迷宮，一旦進去之後我就只能以書本餵養我的精神，直至探險完成再度返回地上的人世。

從露台看中央地底下的森林綠帶與對面兩座圖書館大樓。

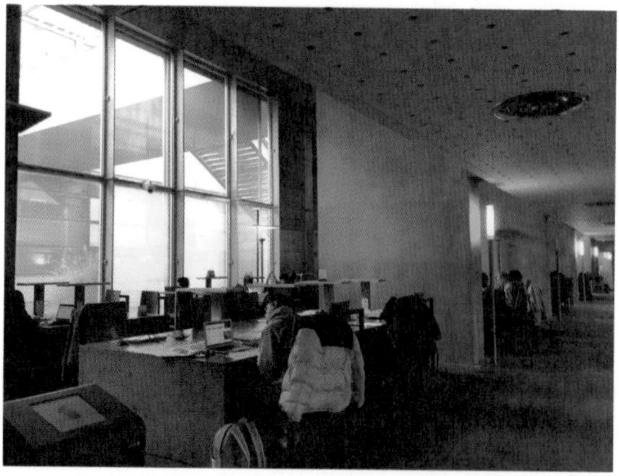

法國國家圖書館托比雅克分館閱覽室，可以看到清楚分明的幾大元素：鋼、水泥、木材與紅色地毯。

除此之外，另一個神奇的地方，在於這座圖書館空間的垂直安排。四棟巨大的書本狀大樓真的只留給了千萬冊館藏，而讀者只活動在入口平台底下的區域，透過挑高的玻璃牆凝視著中央森林，而平台地下第一層的閱覽室對一般大眾開放；如果你是研究者想要調閱書庫裡的文獻，則必須再深入地下一層，那裡是專門給學者研究員的閱覽室。所以我們會看到在這裡活動的人們，氣氛隨著高度的下降一層比一層嚴肅。在外面的木造平台上，滿是對著玻璃牆練街舞與取景拍攝短片的青少年，下降一層入館之後，外頭震天響的嘻哈音樂軋然而止，閱覽室裡大學生埋頭準備期末考；而當你踏著大紅色地毯通過層層關卡再下一層，就會到達最為肅殺靜謐的研究閱覽室，裡面只會有沙沙的書本翻動聲音，書桌上借閱的

圖書館外木造平台上跳街舞的人，右側即為塞納河。

書堆得比人還高。置身於這些人間瑣事之外的，是靜靜地躺在上方四棟大樓裡的庫存圖書，不像身在洞窟中埋頭工作的讀者們，它們獨享著塞納河畔的風景與陽光，遠眺著蜿蜒河流另一頭的黎塞留館區。

這就是為何讀者們對這座圖書館評價兩極，它傳達的理念如此鮮明，如此具有美感，但也如此地特異，對於某些人來說如此地不方便。我曾經閒聊時問過另一個法國朋友：「為何我們讀者只能像老鼠一樣在地下活動，而書本們卻能透過玻璃帷幕享受河岸風光？」他的回答是以前塞納河經常淹水，這是為了避免書籍遭難。我並不相信這是真正的原因，我更相信在設計者眼裡，或許這兩百年館藏空間的缺乏讓他們嚇怕了，情願留下龐大的空間給未來將入住的書本們，又或許幾百年前繼承下來的館藏，才真正是這座建築的在地居民，而人，與這些原住民相比，只不過是這裡的過客。

在地下墓穴上漫步

巴黎十四區往蒙蘇里公園的穿梭隨想

嚴勳業

「也許在巴黎生活的大家，都有一種尋找在地嚮導的方式，她不只告訴我地方的故事，也告訴我屬於她的巴黎故事，以及屬於她那個時代的法國故事。」

奧斯曼計畫的巴黎東西軸線

作為研究都市的人類學徒，或是某個世代的假文青，從第一次來巴黎，就想尋找與精品消費有點距離、遠離香榭大道或百貨公司，又想擁有一點點歷史感受的散步路線，除了還是不免俗的和大部分文青一樣，佯稱自己是如波特萊爾一般的漫遊者，或著迷於班雅明的拱廊街計畫。但巴黎之所以是巴黎，是首都中的首都，和1850～1870年代在拿破崙三世（Napoléon III）統馭法蘭西第二帝國期間，賽納省省長喬治—歐仁．奥斯曼男爵（Baron Georges-Eugène Haussmann）及以其為名的奥斯曼計畫（或稱「巴黎大改造」計畫）息息相關。

現代巴黎的擘畫者奥斯曼，透過他都市計畫的圓

丹費爾 - 羅什洛廣場北面的奧斯曼住宅。

規與尺，將巴黎從過去巷弄曲折、革命黨街壘林立、髒污便溺隨處可見的中古城市，變成在明面上有筆直林蔭大道交會、在塞納河右岸有一條都市計畫最理想的中軸線——「凱旋門—協和廣場—杜樂麗花園—羅浮宮—市政廳—巴士底廣場」的大城市。這條筆直的東西軸線，在地圖上貫穿了紀念性建築物和林蔭大道，也是許多初遊巴黎的人最熟悉的旅遊路線。

現代性之都傍水而生，左岸與右岸，詩人與作家的手稿，從河兩岸沿著堤道上塞納河的風，吹往轉角的咖啡館。奧斯曼市長留下住宅建築，似乎在下過雨的石板路上，隨時有詩人落下的光環，藏在混著行人的足跡、水漬、落葉與便溺的污泥裡。

在近一個月的旅程結束時，我找了一家地處於十三區鵪鶉之丘（Buttle aux Cailles）的巴斯克鄉村料理餐廳。當時覺得巴黎左岸，只要出了拉丁區的南方，好似越過了一條小巴黎[30]內的小巴黎邊界。

新的小巴黎成員：十四區

小巴黎的小巴黎，此言不假。巴黎的十四區，是在 1860 年都市計畫擴張後，才進入小巴黎二十區的俱樂部裡。十四區包含了大部分原本的蒙帕納斯（Montparnasse），以及我想跟大家聊聊的，坐落在 RER（大巴黎區間快鐵，Réseau express régional d'Île-de-France）B 線上小巴黎南端的兩站所在的區域——丹費爾—羅什洛（Denfert-Rochereau）與大學城（Cité Université）站比鄰的蒙蘇里公園（Parc de Montsouris）。

---

30 法國首都巴黎，同時也是所在的法蘭西島大區（île-de-France）的首府；這裡指的「小巴黎」，專指 1860 年巴黎大改造計畫之後，重劃為包含二十個行政區範圍內的巴黎市（行政編號 75 省），面積約 106 平方公里，有兩百餘萬的人口，大部分遊客拜訪的旅遊景點都在這個範圍內。若以臺北市相比，小巴黎的面積約與去除士林、北投、南港、文山的老臺北市區相當。而相較小巴黎的大巴黎都會區（Métropole du Grand Paris），指的是由巴黎（Paris）、上塞納省（Hauts-de-Seine）、塞納—聖但尼省（Seine-Saint-Denis）、馬恩河谷省（Val-de-Marne）加上七個鄰近的社區組成的區域。

丹費爾—羅什洛是1860年之前巴黎南邊的界線，前稱為丹費爾關口（Barrière d'Enfer），負責向進入巴黎的鄉民及其貨物收取入市稅（l'octroi）。在1787年大革命前夕，在關口的兩側，建成了兩座新古典主義風格的房舍。這兩座房舍的西側，現在是二戰巴黎光復紀念館（Musée de la Libération de Paris - Musée du Général Leclerc - Musée Jean-Moulin），東側的小屋現在則是巴黎地下墓穴的入口。

「丹費爾—羅什洛」這個名字，來自1870年代，普法戰爭時法國東部城市貝爾福（Belfort）圍城戰的法國英雄丹費爾—羅什洛（Denfert-Rochereau）。廣場中的雄獅可不是因為巴黎有哪些獅子會的獅兄獅姐，而是為了讚譽貝爾福戰役的精神。因此，貝爾福之獅也成為了貝爾福城市的象徵。在1879年，由於丹費爾關口（Barrière d'Enfer）的d'enfer與Denfert的發音相近，而改成現在之名以紀念丹費爾—羅什洛上校，並於1880年安置了雄獅的複製雕像。

從丹費爾—羅什洛車站沿著路標走，你就可以看到巴黎的華語觀光書地圖指南上，十四區推薦的觀光景點寥寥可數。而巴黎地下墓穴（Les catacombes de Paris）以及蒙巴納斯墓園（Cimetière de Montparnasse），也在不遠的地方。

有時跟台灣的友人談到自己住哪，有點像介紹自己住在殯儀館或墓仔埔旁，不免有點陰森感。其實，地下墓穴裡石灰岩的顏色，和奧斯曼住宅建築相去不遠，原因無他，十四區以前居民不多，蒙蘇里的小丘陵是巴黎著名的採石場，住宅的磚石，部份就是從這裡採集出去的。

在巴黎生活的這些日子，我也曾經掙扎，要能像漫遊者的灑脫風格致敬，是不是該去市區晃晃？但一個棲居者，不免因為搬家、工作、唸書、治安或與愛情邂逅等等原因，找到了一條專屬自己人生風景的路線。

公園與奶奶

在談蒙蘇里公園之前，我想談談我對

丹費爾—羅什洛（Denfert-Rochereau）廣場中間為貝爾福之獅。圖右側是二戰巴黎解放紀念館，左側則為巴黎地下墓穴的入口。

於公園、綠地的懷念。在巴黎的市中心走久了，巴黎中心的空氣總是頓滯，這個城市隨時充滿各種氣味。想看看天際線，卻總是有奧斯曼建築的屋頂與皮膚色的石灰磚石相伴。突然想起前輩H說，在巴黎這個過於文明與現代的都市裡生活，需要和植物說話，需要微微遠離，腳踩綠地。

以前在倫敦學英文的時候，姊姊說練習口說最好的方式就是在晴朗的下午，在海德公園找到一位老太太跟她閒談。到了法國，好像不太容易找到能用以上方式搭話的老太太，在巴黎的我好像也不太有這種福份。有一次開計程車的老陳，建議我去酒吧喝啤酒和其他法國男子打屁練口語，這個計畫也隨著疫情不翼而飛。

也許是這種人類學徒路上，各種和年長女性貴人來往交談過程中，慢慢孵化了我的師奶殺手屬性，我沒有在蒙蘇里公園裡遇見奶奶，而是遇見了住在公園旁邊的奶奶。2022 年初，透過另外一個學哲學的臺灣好友介紹，奶奶知道我們正在巴黎念研究所，也知道我們需要寫作上的協助，需要有人能練習法文的口語。於是，在從丹費爾—羅什洛往大學城的路上，每星期與奶奶的會面，成為我近一年來最固定的漫步時光。

在介紹奶奶之前，我想先談談我往大學城路上的一些巴黎經驗。

在2020年疫情爆發之前，每個住在小巴黎的留學生，都不能避免地要去大學城的警察局辦事處更新學生居留[31]。在巴黎辦理公務需要一些耐心，或是一些慈悲心。每年暑假前後，大學城總是出現大排長龍的學生隊伍，卡在隊伍中動彈不得的外國學生，縱然感到煩悶與無奈卻只能隱隱忍受，同時又與擦肩而過非法居留的鄰人同病相憐。而這「叫天不應，叫門衛太大聲」還會被忽略的那種疲憊，終於在2020年以後，因為疫情改為線上更新學生簽證猛然消失。以前被大家形容為惡名昭彰、與居留相關的各種甘苦談，現在也成為了絕響。撇開對大學城的心理陰影不說，

31 在小巴黎更新學生身分居留證，需要在居留證到期前兩個月到警察局（préfecture）網站上線上預約，得到預約許可後，至辦事處人工繳交資料，驗證後會發給有效期三個月的居留更新收據（récépissé）以作為臨時居留證，之後等待手機簡訊通知，領取新的居留證。上述的行政流程看似合理，卻處處充滿意外，比如在警察局網站上預約不到，在留學討論區，卻有人有著大把預約時段，如黃牛般高價售出；或是印製居留證的工廠當機，要換多張 récépissé，領到居留證時，居留證卻已到期；其他如繳交的書面資料遺失、人工處理錯誤、警察局網站當機全面癱瘓，都要重新到辦事處人工排隊諮詢，跑個兩三天不在話下，要是遇到天寒地凍，也只能在寒風中苦笑。

大學城內近四十幢以不同國家為名的學生公寓，在建築語彙上也貼合了該國的文化與符號，因此各國留學生在這裡的故事很值得細細品嚐。

奶奶居住在蒙蘇里公園畔已經將近四十年，從她家的公寓能直接看見蒙蘇里公園的全貌。當我以為在蒙蘇里公園向陽的小坡躺著曬太陽，能逃離一些巴黎中心的奧斯曼味時，熟諳巴黎歷史、熱愛文學音樂的奶奶很熱情地告訴我，巴黎現有的綠地公園，其實也是奧斯曼計畫中不可或缺的一環。

「正如我們眼前的蒙蘇里公園，和巴黎北邊的肖蒙山丘公園（Parc des Buttes-Chaumont）一樣，是很典型的英式園林風格（jardin à l'anglaise）。」

巴黎綠地史：森林、英式花園與法式花園

在奧斯曼的都市規劃中，現代城市不只要脫離中古世紀都市的包袱，更要提供

完善的公共設施，如噴水池、學校、圖書館、公園綠地與完善的地下水系統，才能打造一個嶄新的現代性之都。當時負責規劃公園綠地的部門叫做「步行場所與植栽工程行政處」（Le service des promenades et des plantations），由橋樑與路堤工程師讓—夏爾．阿爾方（Jean-Charles Alphand）與園藝專家讓—皮埃爾．巴里埃—德尚（Jean-Pierre Barillet-Deschamps）主持，並著手規劃巴黎四大綠地——城西的「布洛涅森林（Bois de Boulogne）」、城東的「文森森林（Bois de Vincennes）」、城北「肖蒙山丘公園」以及南面「蒙蘇里公園」。東西兩片的森林，相當是「巴黎之肺」，由於距離市中心較遠，讓市民在搭乘一段公共運輸系統後，能在週末尋蹤。而南北的兩處公園，則提供左右岸的市民可以日常造訪漫步的綠地。這兩處公園與盧森堡花園、杜樂麗花園與皇家宮殿的法式園林風格不同，以英式園林風格為設計理念。

法式園林（jardin de la française）是法國大革命前舊政權時期花園設計的主流，以古典主義的文化思想為基礎，講求在一塊嶄新平坦的地基上，以圍繞主建築（宮殿、寓所）為中軸，用對稱的幾何造型來規劃花園的道路，同時植栽與花卉也被道路包圍。主要建築物與花園有「主從」的概念，植物會以密集的形式栽種與修剪，而雕像與噴水池展現出「自然被人類支配」。在視野上也講求透視與延伸以及意識形態上的尊卑。盧森堡花園、杜樂麗花園及皇家宮殿這三個法式花園都是貴族所擁有，如同私人獵場一般，並不在意與城市景觀之間的和諧。相較之，英式花園講求擬態自然中地形起伏、樹木成林、風生水起的風景畫意象，蜿蜒的林蔭小徑、橋樑與人工開鑿的湖面與鳥類和水草比鄰而居。也許蒙蘇里公園的設計美學，可以當作一個實際的例子。蒙蘇里這個字，是由法文的「山丘」（mont）以及「老鼠」（souris）組合而成。蒙蘇里被徵收開發為公園之前，是一座磨坊林立的小丘陵，因有許多齧齒類動物穿梭其間覓食而得名。不過從小丘到公園過程中，卻一波三折。一方面是原本從丹費爾—羅什洛車站往索城（Sceaux）方向的環城鐵路貫穿南北，另一方面，在 1865 年破土之後，遇到奧斯曼去職與普法戰爭後拿破崙三世下台，所以公園直至 1878 年才落成。然而，這樣的一波三折，卻也顯現出阿爾方團隊在公園設計上回應各種挑戰的方式。

首先，選址在蒙蘇里的小丘陵，南高北低，已經為公園地形起伏提供了優良的地勢條件。在奧斯曼和阿爾方的預想中，這處山勢，不僅僅是為了造景上的崗巒起伏，相較於巴黎城內較低的海拔，這裡海拔略高也讓左岸除了萬神殿（Panthéon）之外，有一處明顯的標的，能在最南側的制高點上俯視巴黎城。

而在計畫理性上，依靠天然的地勢，為捉襟見肘的奧斯曼計畫省去了許多預算，並且保留幾處原本就屬於此地的小森林。如果由北而南、從低處往高處看，在視覺上能看到連續的綠地，穿越其中的小徑，也以不同的斜率被隱藏在視野中；而不同季節的樹木，從淺綠到深綠和向陽與背光之處，映照在公園依高低差產生的瀑布與湖水映出的波光粼粼，似乎也淺淺地融入了印象派的朦朧；在山丘中的小谷地，設計團隊直接利用茂林、藤蔓、橋樑的造景，為穿越其中的環城鐵路，提供了現成的隧道；而公園北端的鐵軌又越過了人行道的上空，讓穿越 RER 線路的幾條人行步道不覺突兀。公園西北端的出口，連結了原名「蒙蘇里（l'Avenue Montsouris）」，現在已更名為「勒內．科蒂（René Coty）」的大道，以紀念法國第四共和末任總統，這條林蔭大道提供了通往丹費爾—羅什洛另外一條靜謐的花園步道。

蒙蘇里公園少年人享受日曬的春景，小徑的水平略比周圍的草皮低，從低處往上望，小徑隱沒在草皮的視野中。

勒內·科蒂（René Coty）大道中的人行步道。

穿梭時空：文化資產與退休生活

此外，蒙蘇里公園的緩坡，現在也肩負巴黎氣象觀測站監測巴黎天氣任務，氣象站隸屬巴黎天文台（Observatoire de Paris）。你有沒有想過，如果在150年前，躺在甫落成的公園草地上，你很有可能就跨越了東西半球？我們現在熟知的世界時間，是以英國格林威治時間為經度零度，但是在1744年時，法王頒布穿越巴黎天文台的子午線為零度，是為巴黎子午線（Méridien de Paris）。然而，法國卻在1884年放棄與格林威治子午線競爭的機會。現在，你仍然能在蒙蘇里公園找到這條子午線的座標。

在勒內・科蒂（René Coty）大道的西側，蒙蘇里公園和西北側的蒙蘇里蓄水池，也是同時期、19世紀末建築的產物，這個蓄水池供應至少四成巴黎市的民生用水。不過為了確保用水安全，蓄水池只有在每年歐洲文化遺產日才會開放參觀。有次我和奶奶聊到文化資產的議題，奶奶很熱情地告訴我，他的先生是一位建築師，也熱衷於考古學和文化資產的保存。在1990年中葉，蒙蘇里公園背側一處原本屬於巴黎大眾運輸公司（Régie Autonome des Transports Parisiens，簡稱RATP）的土地被釋出作為住宅開發，在挖基地的過程，發現了一世紀末羅馬人統治巴黎時所開挖的地下水道，長約150公尺。在奶奶夫婦和社區人士的奔走下，決定原地保留整段下水道，市政府以以下這段文字紀錄這段保存的過程：

1996年八月，土方開挖工程使得盧太西亞（Lutèce，一世紀末）與麥迪奇（Médicis，十七世紀）的地下水道遺跡重見天日。應巴黎市政府的要求，已經組織丈量與保存一個工作團隊約束開發商。

121米的盧太西亞地下水道和133米的麥迪奇地下水道將在公共地和某些私人地段就地保留。市政府將在雷耶大道上（l'Avenue Reille）公開清楚展示部分遺址。這條下水道路線，將一路連結到法蘭西島南方阿爾克伊的高架引水道（Le pont-aqueduc d'Arcueil），也呈現了巴黎在一世紀受羅馬帝國統治時期的農耕證據。

奶奶的丈夫約莫在十年前過世，與其說我和其他朋友陪伴了奶奶的孀居歲月，倒不如說奶奶的慷慨與好客，讓我緩緩感受到巴黎的溫度。也許在巴黎生活的大家，都有一種尋找在地嚮導的方式，她不只告訴我地方的故事，也告訴我屬於她的巴黎故事，以及屬於她那個時代的法國故事。奶奶出生在 1930 年布列坦尼的天主教家庭，二戰後的妙齡時期就來到巴黎唸書，並在巴黎的房地產仲介產業負責廣告文案業務，在上個世紀中葉，奶奶算是很早投入就業市場的女性，她人生大部分的時間都在巴黎度過。我也曾經問她巴黎最喜歡哪個區域，她告訴我是皇家宮殿（Palais Royal），她喜歡自己在工作時穿梭在巴黎的市中心。雖然我現在對市中心的巴黎有點卻步，但作為一個老巴黎人，奶奶總是能找到最適合的路徑，抵達她想去的地方。

回頭想想我在十四區的散步生活，或許可以把這個地方想像成台北的文山區，不只路上的行人，連就業的勞動人口年紀也偏大。關於這點我滿疑惑的，詢問奶奶原因，她說與兩次世界大戰的寡婦有關。當時的法國政府為了鼓勵在戰場上失去丈夫的女性走出傷痛，在戰爭總動員的非常狀態下共赴國難，因此有大量的戰士未亡人、喪子的年長女性投入職場。奶奶和她們出生在相仿的年代，也是在二戰後很早投入職場的妙齡女子。前述蒙上她的美麗與哀愁面紗的說法，或許時序有些落差，但極有可能是此刻奶奶對自己生命境遇與心情的寫照。不論是與奶奶談古話今，或是在超市結帳時，與櫃檯阿姨寒暄，屬於她們的老巴黎故事，都大大撫慰我在巴黎城市感受到陌生與孤寂。透過回憶的眼睛，我找到一種人類學式的漫步，穿梭在小巴黎左岸之巔的邊界。

蒙蘇里公園旁羅馬時期地下水道的遺跡。

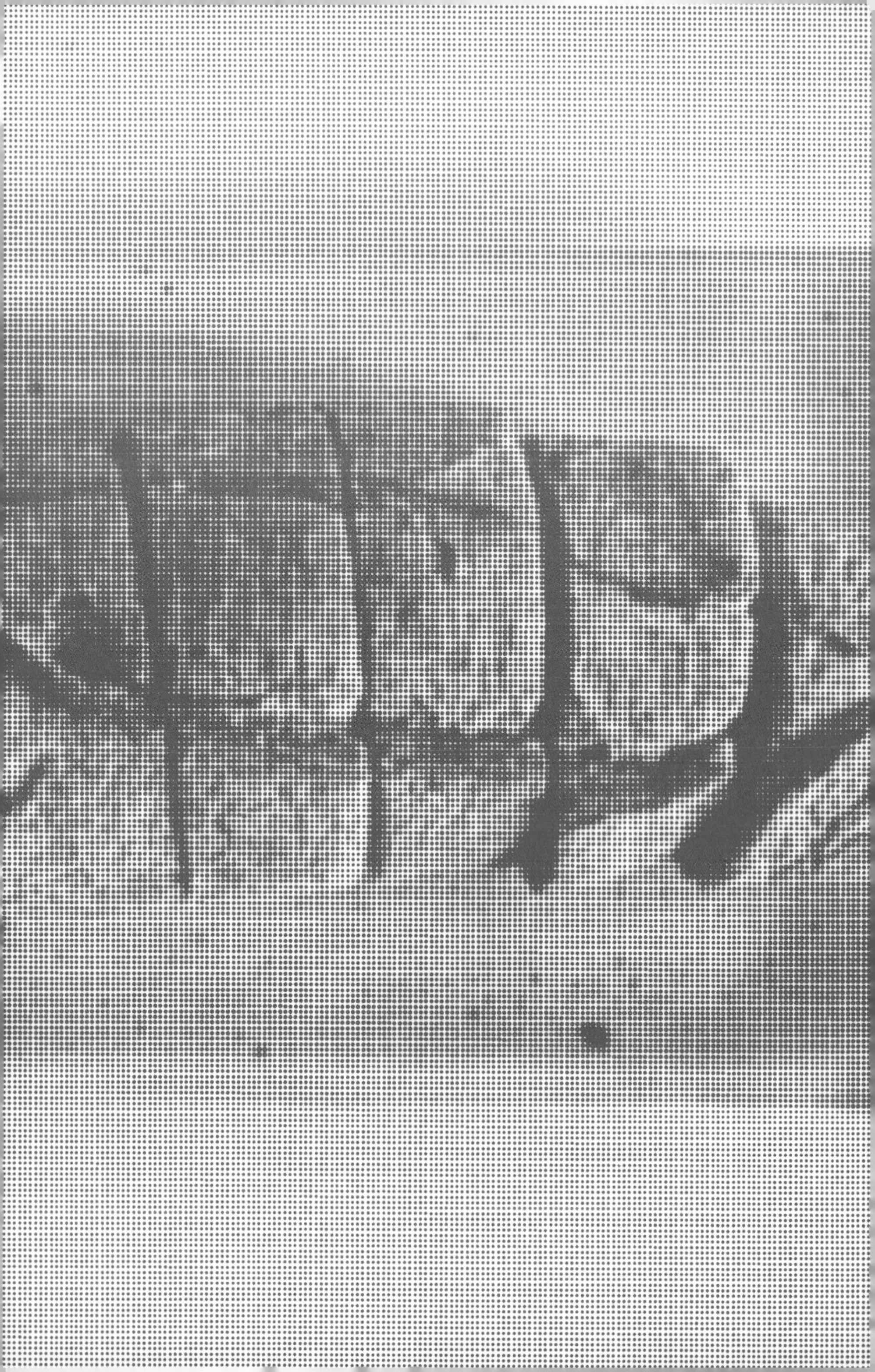

美食社會

誰說了算？世界美食話語權大爭奪

謝忠道

「視覺性、故事性、地方性，這些因素正在改變我們對食物的看法和角度。二十一世紀的美食語彙文化，不再是『好吃不好吃』。」

「好不好吃？」這是我常被問到的問題。尤其是被問到那些被評為世界第一的餐廳，如Noma、El Bulli、Guy Savoy。

我腦中自然浮現去這些餐廳時的記憶與場景。

El Bulli當時轟動世界的分子料理——那一顆顆美麗晶瑩的綠色橄欖膠囊、橙色魚卵顆粒的哈密瓜、如珍珠絲般線圈的橄欖油、一片讓舌尖發麻充滿驚異感的鬆餅、一小塊如口香糖般的兔腦、被海綿化重量輕若羽毛的的三明治……，每一道都充滿驚奇、疑惑、巧思，每一道的概念都在對食物的既有印象、味道、質感和重量提出質疑、顛覆、甚至嘲笑。分子料理的科技研發，打開了食物前所未有的境界與探索，儘管如今的影響力早已式微，但其影響既深且遠。

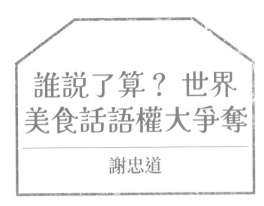

而掀起北歐料理浪潮，至今不衰的 Noma 或 Noma 2.0，食物都以最純樸直接的方式處理呈現，科技變成配角輔佐。森林海邊俯拾可得的生蠔、落葉、煙燻的鴨肉鹿肉、傳統保存法做的醃漬罐頭，Noma 2.0 實驗性地集合各地文化與技巧的發酵技術。Noma 不再玩弄科學技巧或是改變食材樣貌，而是放眼對環境、傳統、土地、文化、歷史與人之間更高度、更深度的全面反思、重現、詮釋。

橄欖膠囊是 El Bulli 當年轟動全世界的分子料理，徹底改寫了人類對食物的概念。

而最新的 Noma Projects 更推前一步，將研發出來的數十甚至上百種調味和食譜，寄送到世界各地，給愛好者在家自己動手做出世界第一餐廳 Noma 的北歐風味餐。

El Bulli 和 Noma 這兩家世界第一，在菜餚作品上的風格和理念截然相反，但是他們有一個共同的特點——人們對餐廳的期待不再如法國廚師常說的「度過一個美好的時刻」，而是一個有內容的論述、

Noma 2.0 的蚌貝類冷盤。Noma 搬遷後重新開幕，菜單分成三個季節，這是冬季的海鮮菜色，無論在擺盤、材料或是滋味，都追求極致的純淨極簡，也使它再度被 50 Best 選為世界第一。

一個能留下深刻印象的記憶、一場有感情、有情緒激動的體驗。

「好不好吃？」已經不是評斷餐廳的單一問題，食物、主廚、食材、環境等飲食論述早已超越好吃和不好吃的藩籬界線，也拉升了滋味品嘗的感官層面。

在這個變化越來越快速、網路社群不斷激進演變、資訊影像爆量的時代，每個人都可以輕易主動或被動地從手機裡看到全世界任何地方、任何餐廳的主廚樣貌、菜餚擺飾、價格特色，乃至裝潢氣氛與評語論斷。

過去20年是進入21世紀以來，經濟全球化、生活網路數位化、資訊、媒體、文化話語權重新大洗牌的關鍵時代。這段時間全球美食版圖最大的變化就是50 Best

的崛起，以及米其林指南霸主地位的動搖。從全球性的經濟、社會、觀光與政治的層面來看，美食已經成為各國展現軟實力的政經地緣場域。2015 年在法國官方支持下成立的 La Liste —— 這份號稱網路大數據搜集世界 1000 家最佳餐廳，此舉正是企圖和米其林與 50 Best 兩強之間爭奪美食武林盟主的地位。

這個美食地緣政治現象又是怎麼形成的呢？米其林、50 Best、再加上目前知名度仍舊不高的 La Liste，這些涵蓋世界的排名到底誰說了算？它們之間的評鑑系統方式又有甚麼差異？而其背後的地緣政經目的又是甚麼呢？

接下來，我將透過米其林、50 Best 和 La Liste 這三種最具世界代表性美食評鑑的結構分析，細說從頭，來看看美食這個產業中，錯綜複雜的歷史脈絡以及時代的轉變。

外強中乾的百年老牌米其林

米其林指南裡對於「星級餐廳」的定義，相信許多人都耳熟能詳了。一星是「精緻的料理，值得一嘗」，兩星是「出色的料理，值得繞道前往」，三星是「卓越精彩的料理，值得專程前往」。不過，這三個定義只是告訴消費者哪裡有好餐廳，但其實都沒有解釋怎樣才是米其林眼中的好餐廳。

從1900年創立至今的百年招牌米其林，是許多廚師心中至高無上的榮耀。據說全球70幾位密探（也有說40幾位，關於密探人數有各種不同的說法）以自費方式秘密探訪餐廳，然後給予一、二或三顆星星。受過嚴格專業訓練的密探是米其林引以為傲的評鑑方式，也就是「專業評鑑專業」，然而，秘密的黑箱作業也引起不少批評。因為除了米其林內部，外人從來無從得知某家餐廳為何被降星，且某些名聲才華備受肯定的廚師，永遠拿不到該得的星星，這種極機密作業模式曾經是成就米其林美食霸主的武器。

米其林（Michelin）2023年頒獎典禮現場。

米其林在1970年的新廚藝（La Nouvelle Cuisine）崛起後，到1990年的20年間，在歐洲，特別是在法國本土，叱吒風雲。單是法國版紙本銷量最顛峰時期幾乎達百萬本，是每年法國最重要的暢銷書之一。過了千禧年，米其林離開舊大陸歐洲，邁向美洲亞洲新世界，從一本歐洲國家指南變成一本全球聯邦式指南，而不同國家城市有自己的米其林。但與此同時，網路時代也開啟了米其林指南紙本銷售的雪崩式下落，同時也危及其權威的地位與聲望。

為了挽救墜勢，米其林從2005年開始國際化，從歐洲走向美洲、亞洲、南美洲，四處攻城掠地、插旗搶灘，期望重新拿回美食權威。儘管現在的米其林在世界各地的發表會上頒發給廚師餐廳的星星，仍有其光環和權威性，但是它在全球美食地圖上的影響力和發語權卻逐漸式微。其關鍵在於——米其林始終以紙本為重心，錯過了傳統紙本媒體轉變成網路影視的時代變革。與此同時，逐漸取代米其林百年光芒的，是才出現20年的「50 Best」。它夾著2000年後媒體社交網路的優勢異軍突起，以傳統媒體為主要平台的米其林也因此措手不及。

不到20年的50 Best崛起

今天聲勢如日中天的50 Best，它的開始幾乎是個玩笑。50 best起源於2002年的英國雜誌Restaurant magazine，首份排名是由英國記者Joe Warwick一手弄出來的。沒有一套完整的設計和調查，只是發問卷給全世界的廚師，然後彙整出一份名單。這位記者自己在一份採訪中，也承認這個起頭的確有點玩笑性質。名單公佈後，沒想到當年排名第一，卻仍名不見經傳的El Bulli主廚Ferran Adria親自出席領獎。「世界最佳（Best）」這個頭銜掀起了前所未有關注和討論，於是雜誌決定繼續玩下去。

從今天的眼光來看，這份排名近乎可笑荒謬、毫無邏輯可言，但同時也帶有一種前所未有的新奇感，因為在這份排名中，一些並非國際知名的 fine dining 餐廳（如排名第13名巴黎的 La Coupole、洛杉磯的 Spago 餐廳）與三星餐廳 French Laundry、L'Ambroisie 等並列。小館子與高級餐廳並列的荒謬感與新奇感，給予 50 Best 很大的話題性和詮釋空間，同時也打破了過去「最佳餐廳一定奢華」的迷思，重新思考「最佳餐廳」的定義。

Restaurant magazine 後來被 William Reed Business Media（一個策展舉辦與餐飲有關專業商展的公司）買下，成為 50 Best 的背後主人。在集團的金援支持發展下，50 Best 逐漸出現嚴謹的組織，且擴大規模，擬定了更明確的遊戲規則。這項排名每年發佈時，總會迅速地成為全球的美食重要話題，尤其在 2007、2008 年這段期間，更讓 El Bulli 與分子料理的風潮席捲全球，同時也奠定了 50 Best 和米其林分庭抗禮的氣勢與地位。

迥異於米其林的專業密探自費探訪的模式，50 Best 採用分區主席與投票人制。

全球分為27個區（以亞洲為例，中國和南韓共為一區，港澳台一區，東南亞、東北亞各為一區，日本自成一區），每一區有一位主席（Academy Chair），通常是集團主人William Drew找當地美食圈有份量的記者或媒體人擔任。分區主席有絕對的權力自由挑選40位投票人，男女性別人數平均，且每年必須更換1/4的投票人。組織內部有很精確的規定，不管是主席還是投票人都有明確的規章，規範甚麼事可以做，甚麼事不能做。

主席與投票人都是無給職，因此難度在於在該區找到40個有條件、能力與熱情、經常在各地旅行、上餐廳經驗豐富的人。因為投票人的餐費、旅費是自行負擔。換句話說，這些投票人在某個程度上，除了是美食記者或與餐飲有關的人因職業之便，可以經常旅行吃餐廳外，多半是社會上有很強的經濟能力的人。

每一區的主席名字是公開在官網上的（如港澳台區是Susan Jung、中韓區是Crystyl Mo、法國是Alexandra Michot）。過去每一區40個投票人名字也是公開的，這幾年改成保密，應該是為了避免投票人利用身分接受邀請招待，或是被餐廳指認、邀約品嚐爭取選票。理論上，每一區的投票人彼此是不認識的，但是既然都是透過主席關係而受邀成為投票人，裙帶人脈關係很難徹底避免。台港澳的美食圈又小又淺，檯面上的大咖人物就這些，不難覺察出來誰是投票人，以及他們之間可能的人情脈絡。

50 Best 出現後沒多久，就被許多品牌嗅到背後潛在的龐大商機。雀巢集團旗下的義大利礦泉水 San Pellegrino 出手贊助，甚至將品牌和 50 Best 掛勾聯名改成 The San Pellegrino World's 50 Best Restaurants。然而，這個過度商業化的名稱引起很大的抨擊，認為這個排名被品牌商業操作扭曲。尤其在法國，這個排名一度被認為工業大廠介入過深、失去客觀立場，而遭到許多法國大廚的排斥與不信任，也導致法國餐廳在排名上始終不高。因此，很快的 San Pellegrino 就不再和 50 Best 聯名，退居幕後，但是仍為其中最重要的贊助商之一。

50 Best 這幾年一直在新增各種新項目排名或單項獎名，話題性不斷，如亞洲 50 大（50 Asia）、拉美 50 大（Latin America's 50 Best）、值得關注獎（One to

Watch）、世界最佳糕點師等新獎項。部分規定也有變更，如最新規定，也就是曾經拿過世界第一的餐廳被歸入神壇（Best of the best）之列，不再計算選票（如Noma、Mirazur、Osteria Francescana、El Celle de Can Roca 等），以後將不再出現同一家餐廳蟬聯數年的現象。2022 年 50 best 正好 20 周年。雖然丹麥哥本哈根的Geranium 繼 Noma 之後拿下第一，繼承北歐料理的熱潮，但是祕魯、墨西哥、阿根廷等南美菜系來勢洶洶，大舉湧進排行裡，預告下個可能席捲全球的美食風潮。

La Liste 網路大數據時代的新產品

2022 年 11月 28日法國外交部舉行了一場盛大熱鬧的晚會——世界最佳 1000家餐廳（La Liste 1000）名單發佈。來自世界各地出席的名廚，雖有幾位是義大利（Niko Romito）、西班牙（Elena Arzac、Joan Roca），或是美國籍（Daniel Boulud、Eric Ripert），但很大部份的名廚是法國籍或來自法式餐廳（Michel Guérard、Alain Ducasse、Arnaud Donckele、Sébastien Bras），與當下全球最被討論的北歐、墨西哥、祕魯料理有明確落差（南美只有 Jefferson 和 Janaìna Rueda），且如果與 50 Best 的排名對比，差異就更清楚了，亞洲、澳洲、非洲顯得很弱勢。

La Liste 是法國前外交部長 Laurent Fabius 在任時，有感於 50 Best 橫掃全球美食媒體的威力，意識到「軟實力美食外交」的重要性而起辦，目標是和 50 Best 相抗衡。從 2015 年起排名世界第一始終是巴黎餐廳 Guy Savoy，已經蟬聯 5 年，自家人排第一難免有「老鼠上天秤，自稱自讚」之嫌，今年的餐廳排名和往年略有不同，和 Guy Savoy 並列第一的還有瑞典斯德哥爾摩餐廳 Frantzén（主廚 Björn Frantzen）、紐約餐廳 Bernardin（主廚 Éric Ripert）。

La Liste 由法國政府支持，發表會辦在外交部，其意義不言而喻。自 2015 年創立，普遍被認為是法國官方出手，對抗氣勢日正當中的 50 Best 而做出來的，其中一個很大的原因是自詡為美食大國的法國，國內餐廳卻在 50 Best 排名始終不如西班牙和丹麥等國家；另一個重要的隱性因素，則是想搶回全球美食餐飲的霸權地位，這一點可以從 La Liste 挖角前 50 Best 的重要人物 Helene Petrini，來主持 La

Liste 看出來。

2023 年 La Liste 的排行，號稱蒐集了全球 3 萬家餐廳，超過 1000 份的指南、報導、網路和出版品，蒐集涵蓋範圍多達 200 個國家，海選出全球 1000 家最佳餐廳。但是宣稱評比方式完全透明的 La Liste，卻無法將分數計算系統說明得很清楚。以 2023 年的榜單為例，Guy Savoy、Le Bernardin、Frantzén 三家餐廳都以 99.5 分並列第一，並列第二的 6 家餐廳都是 99.0 分。這個分數是如何計算出來的？如果是以指南、報導、出版品為依據，歐洲、美國等經濟觀光消費發達的西方國家的資料，相對於開發中國家應該多很多，那其中的公平性何在？另外，重要的指南、媒體的報導、影響力大的網紅、Youtuber 的分數占比和發行地區較低的小報相比，

La Liste 2023 年得獎廚師大合照，其中的重量級人物有 Alain Ducasse、Anne-Sophie Pic、Daniel Boulud、Michel Guérard 等等名廚。

又是如何計算的呢？

另一個令人混淆的點在於排名。分數相同且並列第一名有3家，並列第二的有6家，第三的有9家，第四有15家，第五有24家。換言之，前五名就有57家餐廳，都可宣稱自己是世界最佳餐廳的前五名。很困擾不是？此外，還有各種令人眼花撩亂的獎項，例如數位創新獎（Prix de l'Innovation Digitale）、環保責任獎（Prix de la Résponsabilité éthique et environnementale）、年度優秀新人獎（Nouveaux Talents de l'Année）、糕點甜品獎（Prix de la Pâtisserie）、年度新餐廳獎（Ouvertures de l'Année）、值得關注餐桌獎（Tables à Explorer）以及全球最佳糕點主廚等等。

順應手機網路趨勢，La Liste 設計了應用程式，供大家免費下載，讓觀光客在世界任何地方隨時搜查到榜上的餐廳資料，形同一本實用指南。這一點超越了米其林和 50 Best，但是其效果如何，還有待觀察。

多年來法國餐飲界始終封閉在它自己的內部問題上，例如爭取降低 TVA 營業稅[32]（從 19.6% 降至 5.5%），或是為了爭得更多米其林星星，升級更豪華奢侈的硬體軟體設備、擴張建設、增加人力等經濟層面，而忽略了美食作為文化與外交層面的影響力。而法國作為一個全世界觀光客最多的國家，以精緻美食聞名，以米其林為傲，觀光客不請自來，根本不必宣傳。

2003 年是西方美食界發生幾起關鍵事件的一年。名聲正達顛峰的法國三星主廚 Bernard Loiseau 自殺、丹麥餐廳 Noma 開幕，和傳統指南米其林分道揚鑣、鼓勵年輕新廚師的 Omnivore magazine 出刊、以及紐約時報記者 Arthur Lubow 在 8 月 1 日刊登一篇讓法國美食圈晴天霹靂的一篇文章〈A Laboratory of Taste〉，文中直指法國已經不再是全球美食創意的聖地，西班牙才是。從 2003 年《紐約時報》這篇文章到 2015 年 La Liste 出現，整整過了13年。轟然而起的 50 Best 經過10多年的努力已然奠定其霸主地位，一直睡在自己過去桂冠上的法國，意識到美食文化的主宰話語權已經拱手讓人時，為時已晚。

32 La taxe sur la valeur ajoutée (TVA)，中文為「增值稅」，是基於商品或服務的增值而徵稅的一種間接稅，是法國政府主要的稅收來源之一。

美食的地緣政治——英美系對抗法系

過去的米其林有個潛規則，主廚最好待在廚房裡做菜，不要過多的社交客座、不要參加太多的客座節慶，以保證菜餚品質。老一代廚師也多半專注在培養年輕廚師，繼承地方菜系，重新詮釋傳統料理，推廣各地特色食材，使法國無論任何偏遠地區都不難找到好的餐廳。

在過去高級法國菜獨一無二的時代，全球美食愛好者都嚮往來法國一嘗全世界最偉大精緻料理的時代，完全行得通。那時候也確實保障了法國無論是奢豪的、頂級餐廳，或是鄉村小館，都有睥睨世界、無與倫比的高水準。但是這個現象在1996年的波灣戰爭就被破壞了，有錢的美國觀光客來不了，造成當年不少高級餐廳面對一下子空無客人的窘境，甚至倒閉關門（如在Saint-Etienne的Pierre Gagnaire、在Annecy的Marc Veyrat）。

1996年也是事業達高峰，被封為「世紀大廚」的Joël Robuchon以50歲退休的一年。而接手他的餐廳與地位的，正是後來事業版圖遍及全球，打造一個無人能及的美食帝國的——Alain Ducasse。

嚴格說來，Alain Ducasse 該算是近代第一個有世界觀且有影響力的法國廚師（雖然他已入籍摩納哥，但是一般認知還是當他是法國廚師）。50 Best 讓他警覺到法國美食還是需要對外宣傳，更希望將年輕廚師推上舞台。2003 年他創了 Fou de France（Food de France 的諧音）活動，且每年親自挑選 30～40 位法國各地有才華的年輕主廚，到他巴黎的雅典娜餐廳（Plaza-Athénée）客座 2～4 周，將這些在偏遠地區的年輕新秀推上巴黎這個國際舞台。

Alain Ducasse 也是第一位打破「三星主廚一定要在廚房裡做菜」鐵律的人，他同時擁有數家三星、兩星、一星和小酒館餐廳，事業版圖跨及世界各大都會，同時也辦廚藝學校、餐飲顧問和出版事業。然而，他個人的餐飲帝國越見雄大，但是並沒有改變法國美食界「只看見自己」的系統封閉性。

與此同時，50 Best 的明星廚師從 El Bulli 的 Ferran Adrià 開始、Noma 的主廚 Rene Redzepi，到 2019 年第一的 Mauro Colagreco，個個英語能力強，甚至精通數種外語（Mauro Colagreco 精通法語、義大利語、英語、葡萄牙語）。他們共同的特徵是經常旅行參與各種不同的論壇、美食節，與世界各地的年輕廚師交流，深入了解不同料理文化的深層結構、創造連結並發揮影響，且有一套屬於自己的論述。Ferran Adrià 在哈佛開課講學，Rene Redzepi 創辦北歐的 MAD 美食節。過去幾年 Noma 甚至將整個廚師團隊搬到日本去做菜幾個月。

他們的活動力、創造力、靈活性、話題性、無包袱的實驗精神，在在讓 50 Best 的排名更受到年輕廚師的重視。50 Best 的效應有多大呢？在 2003、2004 網路訂位尚未完備時，El Bulli 每年有兩百萬訂位要求搶 8000 個位子。到了 2015 年，El Celler de Can Roca 登上排名第一之後的 24 小時內，50 best 的官網湧進超過 240 萬的瀏覽人次。而多數老一代的法國廚師外語能力都不佳，也未必願意旅行去其他國家與他人交流。此外，米其林帶來的壓力，也讓許多法國廚師無暇擴大對外的宣傳或是與他人交流。

長期以來，米其林的官方總是說星星只給餐盤裡的菜餚品質，無關乎硬體。但是如果以過往獲選餐廳來看，絕大多數的兩三星餐廳都離不開高級的餐具、奢華的裝潢以及儀式感十足的服務。「硬體設備不斷升級，才能拿更多星或維持星星」這個不可明說的潛規則，一直給餐廳廚師不少的壓力。高級旅館酒店有業主或財團的金援支持，不必擔憂盈虧，旅館有基本的客源，而星級餐廳又是旅館吸引客人的門面，因此較無這方面的憂慮。

獨立餐廳的壓力就大多了，尤其是在偏遠地區的星級餐廳，往往戰戰兢兢，因為一顆星可以造成營業額25～30％的影響，這也是為何過去始終有人批評米其林經常把三星頒給高級旅館餐廳的主因，且這也是為何許多主廚，如 Marc Veyrat、Sébastien Bras、Alain Senderens 等三星大廚，都宣稱不想要米其林星星給予的壓力。米其林的星星壓力，也造成多數的法國高級餐廳將重點放在爭取政府降低營業稅TVA、升級硬體、拓展空間、開分店或開旅館支援經濟開銷（三星餐廳通常是賠錢生意）。這個現象成為法國高級餐廳，在經營上形成的一套封閉性，反正法國是全球數一數二的觀光大國不需要過多宣傳，外國客人自然會湧來。

從 50 Best 崛起至今的 15 年間，米其林對新興餐廳與年輕廚師的關注也過於遲緩。在過去，兩星廚師等個 8 年、10 年才拿到三星是很正常的。但是 50 Best 在全世界發掘新人迅速敏銳，世界第一的 Noma 是最好的例子。2002 年丹麥的 Claus Meyer 和 Rene Redzepi 接洽，願意提供一個位在哥本哈根市中心偏郊一個 18 世紀舊倉庫作為餐廳地點，推廣北歐料理。餐廳 Noma 來自兩個字的結合——丹麥語 nordisk（北歐）和 mad（食物），當年他才 24 歲。

2006 年 Noma 首次入選 50 Best，排名第 33，2007 年排名 15，2008 年進入前十名。之後 2010、2011、2012、2014 和 2021 都是世界第一。而 Noma 的米其林從兩星到 2021 年三星，一共走了 13 年的時間，而早在 2010 年它就已經 50 Best 上的世界第一了。因此，從這遲來的覺醒可以看出，米其林在鼓勵、肯定廚師的機動性，和面對世界潮流的敏感度上和 50 Best 有很大的落差。

Noma 2.0.。Noma 的廚房有一群來自世界各地的廚師團隊，多達 30-40 人。這些來自不同文化背景、不同想法手藝的人為 Noma 貢獻出豐富的創作資源。這個設計室，一如藝術家的工作室，是廚師們腦力激盪、理念交會、構思下一季作品的地方。

吸引與輻射

米其林和 50 Best 表面上看似一場兩強對峙的世界美食話語權爭奪戰，但是其背後代表的或許是兩種徹底不同的思維——「喜愛排名高低的英美系」和「強調多元均等的法系」。英美國家喜歡在各種領域排世界十大、史上十大之類的，而法國則喜歡強調不同風格品味並無高低之別的藝術性。所以你看不到法國媒體將國內 31 家三星餐廳做排名，就像不會有人將畢卡索、梵谷、達文西、拉菲爾和米開朗基羅做高低排名一樣，因為他們都是頂尖的。可是英美思維的十大排名，更有聳動性和話題性，一般人只要記得一個世界第一就好。

如果再參照 La Liste 的方式，會發現根本就是將上述兩者結合起來的混合（混淆）體，更讓人沒有記憶點，能記得前三名已經很不錯了，誰會去記住 1000 家餐廳（且其中 990 家都跟你住的城市無關）？當看到 50 Best 燈光繽紛、五光十色，有如一場歌舞大秀的發表會，就知道 21 世紀關於美食最大的改變可能是我們和影像的關係。

廉航興起的大眾觀光、輕易旅行，讓全世界各地的奇風異俗、生活獵奇，都不再只是想像。功能越來越複雜多元的手機，流量速度越來越快速的網路，如Tik Tok短影音、Instagram影像，以及串流平台上的影片故事（如Netflix的Chef's Table、《舌尖上的中國》等等），如果說我們這個時代親身品嘗異國料理的距離，因交通便捷所賜，越來越短，那麼影像上的視覺品嘗則已經是完全零距離、無時差了。

視覺性、故事性、地方性，這些因素正在改變我們對食物的看法和角度。二十一世紀美食語彙文法，不再是「好吃不好吃」，而新時代的話語權也應該是在這些因素裡。

旅法台僑、美食網紅與廚藝移民

楊豐銘

「他（阿辰師）在鏡頭前自在，雖然左臉頰有疤痕，但不怕生。在語言學校期間，紛紛找人辦趴，練廚藝，把一般人刻板印象中高貴、神秘的法國飲食文化，用白話、平民、普及的方式，拉近到一般的生活空間……。」

近年來台法關係融洽，不少旅法台僑在網路平台和社群媒體非常活躍，時常以美食網紅的身分，分享台、法兩地的跨文化觀察。本篇文章討論台僑在法國社會的地位、旅法台僑網紅竄起的緣由，以及有利於美食網紅生存的法國，如何將廚藝移民與廚藝學校視為利多的國際戰略。

小眾法國台僑和社群媒體

法國總統馬克宏自2017年上台以來，台法兩國關係變得非常友好，主動釋出種種外交善意，像是法國參議院代表團訪台、歐盟議會高票通過「歐盟台灣政治關係與合作決議」等政策。然而2023年四月，馬克宏突然宣稱歐洲不該介入台海危機，雖然事後緊急訂正，重申支持台灣現況，但是這一舉霎時嚇壞了全世界，尤其是旅法的台灣僑民（以下簡稱台僑）。根據《僑務統計年報》2021年最新資料，歐洲台僑佔全球台僑人口的2.4%，約有48,000人，其中又以法國台僑的人數最多，約有12,000人，其次是英國，大概有11,000人[33]。

法國是歐洲台僑的大本營，不過，台灣人在法國大大小小、五花八門的移民社群裡卻是小眾，遠不及源於北非的摩洛哥、突尼西亞、阿爾及利亞，或者來自東南亞越南、寮國、柬埔寨這些歷史悠久且動輒上百萬的移民人口。

儘管旅法台僑的人數不龐大，但是隨著台法兩國關係逐漸交好，以及國際輿論友台的氛圍，以往因為台灣國際地位不明而備受壓抑的台灣（人）意識得以解放，台僑的身份和認同逐漸得到共鳴和支持。因此，近年來有越來越多台僑使用雙／三語（中文、法語或台語）經營所謂「跨文化」的網路平台或社群媒體，並以自己的法國經歷，跟台灣的觀眾大談闊論。議題內容包羅萬象、形形色色，從飲食男女趣

圖 1 2021 年海外台灣僑民分佈。

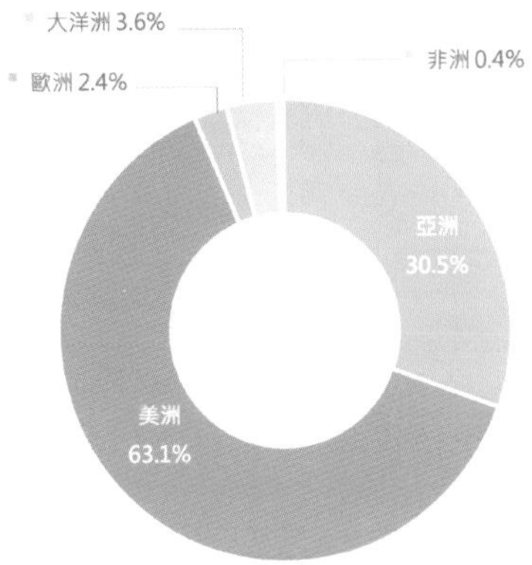

事到成家立業甘苦談，甚至擴及國家未來。少數高人氣的台僑成了網紅，擁有上萬個粉絲。不管是自娛娛人的業餘網紅，或是汲汲營營的職業網紅，這群台僑在網際網路上，擴大加深台灣人對法國，或者法國人對台灣彼此之間的資訊傳播與文化交流，稱得上另類的「國民外交」。

這些身在異鄉的旅法台僑網紅，主要的展演和交流的對象泰半是台灣人，藉由與同語言和同文化粉絲的互動，紓解思鄉的情緒。恰如社會學者 Dana Diminescu 在〈移民和社交網絡：社會數位時代的移民實踐〉（Migrations et réseaux sociaux : Pratiques migratoires à l'heure des dispositifs socio-numérique）提到，不同於以往受限於通訊

33 《僑務統計年報》是僑委會統計海外華人分佈地區與人數的公報，台灣僑民原被視為海外華人，直到近年來台灣主體性備受重視，2008 年始有台僑的類別。請參考 https://www.ocac.gov.tw/OCAC/File/Attach/313/File_322211.pdf。

媒體的短缺，而常常有資訊落差，現在社交軟體的發達，造就不停在原生國與僑居地兩邊實體或虛擬位移的生活風格[34]。

網紅美食的台僑風格

駐法大使吳志中疫情期間在法語媒體上積極宣傳台灣，獲得不少好評，目前有1.7萬個追隨者，有網紅的氣勢。根據筆者的統計觀察，旅法台僑要超出四萬個粉絲人數的門檻，才稱得上是一介網紅（表一）。這當中以旅居里昂、綽號「阿辰師」的人氣較旺，在超過280支Youtube影片裡，《台灣餐車法國市集擺攤：里昂傳統市場推廣台灣菜做公益》這集帶有濃濃國族文宣意識的閱覽人數最多，高達二百四十萬次，粗估其他的影集每集平均也有二十萬人次。

好的美食網紅必須是有能力製作、剪輯令人食指大動的文字、圖像、影片的「創作人」（creator）；同時也是能夠在網路平台和社群媒體上，倡導某些反映社會需求的飲食價值觀，像是討論共食的重要性、減醣或高蛋白膳食的健康等議題，加強群眾共鳴和蹭熱的「影響者」（influencer）；甚至在涉及國家或國際的食物政治經濟議題上，成為有名聲和權威形象的「意見領袖」（key opinion leader, KOL）。美食網紅當事人也是一種「人物設計」（character design），代表在推廣某些人事物所需要的形象設計，是一個中性的動詞，跟時下貶義人前人後表裡不一的「人設」很不一樣。

在社會學者 Emma Bell 和 Pauline Leonard 的文章〈Youtube 上數位組織說故事：透過業餘、親和力和真實性的網路協議建構合理性〉(Digital Organizational Storytelling on YouTube: Constructing Plausibility Through Network Protocols of Amateurism, Affinity, and Authenticity）中，網紅的「人設」不只是必要，更要有技

34 Diminescu, D. (2022). Migrations et réseaux sociaux: Pratiques migratoires à l'heure des dispositifs socio-numériques. *Hommes & migrations*, 1337, 8-9.

FB 網頁名稱	FB 追蹤人數	Youtube 訂閱人數
阿辰師 – 講 Joy 哥 –Chef Chouchou	10 萬	53.2 萬
巴黎不打烊	9.5 萬	1.4 萬
以身嗜法。法國迷航的瞬間	8.2 萬	無
法國十萬個為什麼	6.9 萬	8.2 萬
巴黎阿桑日常生活	5.8 萬	無
巴黎玩家謝忠道	5.4 萬	無

表 1 旅法台僑網紅。（筆者製表，製表日期： 2023/09/01）

巧[35]。也就是說，當事人的創作內容，要有業餘作者天真大膽的語氣，還要搭配常民生活裡隨手可得的親和案例，以及適當地揭露自己的實際生活，回饋觀眾對真實性的聯想。

以阿辰師為例，其看似一個爆紅又奇特的旅法台僑網紅，他在鏡頭前自在，雖然左臉頰有疤痕，但不怕生。在語言學校期間，紛紛找人辦趴，練廚藝，把一般人刻板印象中高貴、神秘的法國飲食文化，用白話、平民、普及的方式，拉近到一般的生活空間，像是外燴、餐廳開幕。其形象塑造的特色和軌跡，跟上述 Bell 和 Leonard 提到的網紅人設的過程異曲同工。法國美食常常給人一種厚重卻又輕巧的感覺，厚重在於她的歷史，像是凡爾賽宮廷用餐的想像[36]，好大喜功，以及看似瑣碎的餐桌禮儀；輕巧在於她的擺飾[37]，還有可能的想像。阿辰師有大膽「玩食物」、「練肖話」的網紅精神，直接更新、挑戰法國飲食的刻板印象，擄獲人心。

在《斜槓青年如何變成法餐廚師》這支自傳式短片裡，阿辰師侃侃而談如何從一位廚藝自學者，二進二出法國里昂的語言學校與廚藝學校，一路曲曲折折拿到法國廚師類別的「職業資格證書」（certificat d'aptitude professionnelle，簡稱 CAP 執照，是一種基本證照）的故事[38]。

---

35 Bell, E., & Leonard, P. (2018). Digital Organizational Storytelling on YouTube: Constructing Plausibility Through Network Protocols of Amateurism, Affinity, and Authenticity. *Journal of Management Inquiry*, 27(3), 339–351.

36 前法國雷諾汽車與日本日產汽車的共同執行長 Carlos Ghosn 被批評假借公司慶功宴，實為個人生日派對，在凡爾賽的玻璃燈大廳舉辦仿路易十四的國宴。

37 蔡英文總統在 2023 年新年年夜飯，在 FB 上秀出類法式料理擺盤的照片，就被議論紛紛。

38 Chef Chouchou 阿辰師（2021）。《斜槓青年如何變成法餐廚師｜40 萬訂閱特別企劃 分享自己的故事》。Chef Chouchou 阿辰師 Youtube 頻道。https://www.youtube.com/watch?v=gEf0pfDDk80

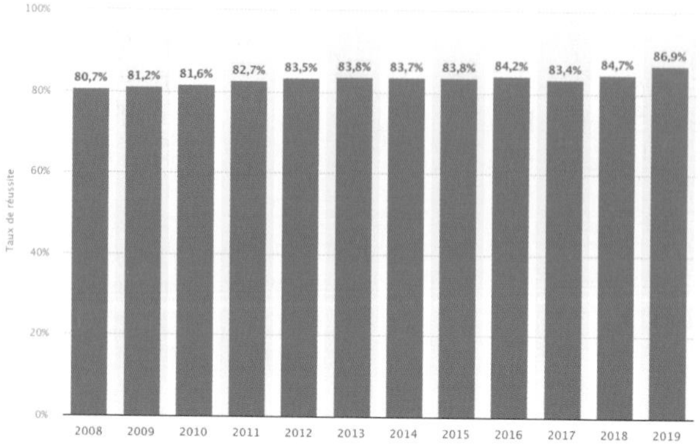

圖 2 法國職業資格證書及格率（不分類別）。（資料來源：https://fr.statista.com/statistiques/618525/taux-reussite-cap-france/）

仔細爬梳阿辰師的經歷，其過往並不絕對特殊，最大賣點在於「敢講話」，他曾說：「所有到法國學廚藝的人呢，多多少少都有類似心態，那就是想要利用自己的料理征服當地人，因此除了在宿舍瘋狂教做菜，沒事也愛去法國朋友家裡煮飯，目的無他，畢竟念語言學校，空閒很多，打發時間之餘順便滿足，做料理有人吃，有人拍拍手的虛榮感，順便自以為在文化交流，反正大家都嘛吃免錢的，煮再爛也不會抱怨。」這張在台灣相當於丙級廚師的執照，在法國是基本的技能證明，及格率在 2019 年高達 83 %，而為了填補餐飲業嚴重缺工的需要，CAP 廚師執照已經相當普遍[39]。目前也有為數不少的台灣人拿到 CAP，在台灣網站上甚至有中文的教戰手冊，像是比阿辰師更早出道，著有《走！到法國學廚藝》、綽號「安東尼」的台灣法餐網紅。換句話說，不懂語言、文化、專業技能的外國人，經過一番努力，擁有一張 CAP 不是難事。

美食作為戰略：兼具勞動人口與菁英學校的產業

旅法台僑美食網紅的背後有一個大環境，在支撐與飲食相關的經濟活動。高到嚇人的 CAP 及格率其實是重視餐飲業的法國，飲食產業缺工非常嚴重的縮影，像是需要大量工作時間的麵包店，就有招募大量優質外勞的歷史，手藝傑出的外勞們，甚至成為社會中堅。例如近十五年來「巴黎最佳長棍麵包大賽」（Concours de la meilleure baguette de Paris）的得獎師傅裡，80% 是第一代移民，其中大多來自突

39 Cojean, T. (2019, July 17). Des Taux de Réussite Record En CAP et BEP ! *L'Étudiant*. https://www.letudiant.fr/lycee/lycee-pro-cap/taux-de-reussite-record-en-cap-et-bep.html

尼西亞、葡萄亞、斯里蘭卡、阿爾及利亞。

「我高中沒畢業就逃到法國了，不想當兵，也不想讀書，現在在學廚混日子……」。2006年盛夏，筆者在里昂研究台灣留學生的社交與飲食的時候[40]，遇見了小喬（化名），他就讀於里昂郊區大名鼎鼎的Paul Bocuse廚藝學校，沒事喜歡下廚，跟宿舍裡的台灣同鄉或外國同學們串門子、跑飯局。這位遠赴法國學廚的前輩殊不知十多年以後，「學廚」這二個字在新世代的台灣人眼中，已經不是學歷不高、或者是逃兵藉口的出路，而是生涯規劃的另一種可能和想像。

根據法國《世界報》（*Le Monde*）2018年一篇標題為〈廚藝學校重新檢視經營方式〉（Les écoles de gastronomie revoient leurs recettes）的文章，身為世界廚藝教育領頭羊的法國，境內知名的廚藝菁英學校，像是巴黎菲杭迪學院（École Ferrandi），以及擁有50個國籍以上、學生40％是國際人士的里昂保羅博古斯學院（Institut Paul Bocuse，因為產權問題，2023年四月改名Institut Lyfe），面對全球化的競爭，動員相當多的國際人脈、交流合作[41]。眾所皆知，烹飪、飯店、葡萄酒、還有旅遊是法國的強項，背後有相當大的產業規模，他們持續吸引歐洲，還有歐洲以外的學生，甚至在海外設分部，將他們視為知名度和技術傳播的種子教練。招收國際學生，釋放就業機會、技術提升、雙邊合作等利多，即是法國「美食產業」（filière gastronomique）的一環，阿辰師的例子也是這個產業系統裡所樂見的現象。

筆者在台灣與馬來西亞任教法文或餐飲相關科系的時候，不論課程的內容為何，班上總會有幾個學生，非常積極主動地詢問巴黎或里昂學廚的事。

「不會說法文、不懂得做菜，沒關係啊，我就是想去闖闖！」

40 楊豐銘（2011）。〈「滷一鍋」：短期移民的簡易食譜建構與日常料理詮釋——台灣留學生在法國里昂的飲食常態〉。《戰爭・殖民・移民：對中華料理與飲食方式產生的影響》，張玉欣編，頁643-659。臺北：中華飲食文化基金會出版。

41 Lewandowski, J. (2018, May 28). Les Écoles de Gastronomie Revoient Leurs Recettes. *Le Monde*. https://www.lemonde.fr/campus/article/2018/05/28/les-ecoles-de-gastronomie-revoient-leurs-recettes_5305636_4401467.html

圖 3 法國麵包業有招募大量優質外勞的歷史。（筆者攝於巴黎）

法國廚藝學校的吸引力，還有前往留學的動機，像是先出國學好廚藝、回國募資找金主、努力開拓人脈事業等等，無法用功能性的世俗眼光去想像。法國廚藝學校一波波大規模招收不懂法語或料理的國際人士，看似學廚是一門好生意，其實背後深藏著濃濃的國族意識。

結語：走出台僑同溫層的未來

社群媒體日新月異，任何類型的網紅容易稍縱即逝，尤其又以美食網紅最具挑戰性，既要定期更新內容和議題，又得緊貼忠實觀眾的心，更需開拓潛在的粉絲群。筆者觀察到包括阿辰師在內的旅法台僑網紅，設定的觀眾群是台灣人，人親土親，粉絲人數剛開始累積快，但是時間一久了，沒有很明顯地成長。

然而，他山之石，可以攻錯，目前歐洲的亞裔網紅，就屬來自馬來西亞，目前定居英國、綽號 Uncle Roger 最為火紅。Uncle Roger 原本是統計分析師，工作之餘演喜劇、錄 Youtube 短片，原本只有五萬多的訂閱人數，後因為疫情間評論一個 BBC 的蛋炒飯節目，自此聲名大噪，訂閱數衝到八百二十多萬。他鎖定世界不同地方做亞洲菜的廚師，進行評論。因此，未來旅法台僑的觀眾群，應該跳脫台灣人的範圍，朝向多族裔、多國家的廣角經營。

歡迎光臨莎瑪麗丹百貨：11則留法旅人的法國觀察

作　　者：何桂育、林鴻麟、陳奕傑、陳碩文、葉俊良、楊豐銘、楊尹瑄、劉君雅、謝忠道、謝芷霖、嚴勳業
特約主編：謝芷霖、楊豐銘
社　　長：林宜澐
總 編 輯：廖志墭
主　　編：林佳誼
執行編輯：雷子萱
美術設計：朱疋

出版：蔚藍文化出版股份有限公司
地址：110058台北市信義區基隆路一段167號5樓之1
電話：02-22431897
臉書：https://www.facebook.com/AZUREPUBLISH/
讀者服務信箱：azurebooks@gmail.com

總經銷：大和書報圖書股份有限公司
地址：248020新北市新莊區五工五路2號
電話：02-8990-2588

法律顧問：眾律國際法律事務所
著作權律師：范國華律師
電話：02-2759-5585
網站：www.zoomlaw.net

印刷：世和印製企業有限公司
ISBN：978-626-7275-21-4
定價：480
初版一刷：2023年10月

國家圖書館出版品預行編目(CIP)資料

歡迎光臨莎瑪麗丹百貨：11則留法旅人的法國觀察／何桂育，林鴻麟，陳奕傑，陳碩文，葉俊良，楊豐銘，楊尹瑄，劉君雅，謝忠道，謝芷霖，嚴勳業著. -- 初版. -- 臺北市：蔚藍文化出版股份有限公司，　2023.10　240面；14.8×21公分
ISBN 978-626-7275-21-4(平裝)
1.CST: 社會生活 2.CST: 文化 3.CST: 法國
742.3 112016777